CHARLES SIMOND

HISTOIRE

D'UN

ENFANT DU PEUPLE

(AUGUSTE BURDEAU)

Vingt et un Portraits

PARIS
ALCIDE PICARD ET KAAN, ÉDITEURS
11, RUE SOUFFLOT, 11

BIBLIOTHÈQUE D'ÉDUCATION NATIONALE

HISTOIRE D'UN ENFANT DU PEUPLE

1

AUGUSTE BURDEAU (1851-1894)

(D'après la photographie de Pierre Petit)

COLLECTION PICARD

BIBLIOTHÈQUE D'ÉDUCATION NATIONALE

HISTOIRE D'UN ENFANT DU PEUPLE

(AUGUSTE BURDEAU)

PAR

CHARLES SIMOND

LAURÉAT DE L'ACADÉMIE FRANÇAISE

Vingt et un Portraits

PARIS
ALCIDE PICARD ET KAAN, ÉDITEURS
11, RUE SOUFFLOT, 11

Il a été tiré de cet ouvrage 500 exemplaires sur papier de luxe au prix de 6 francs.

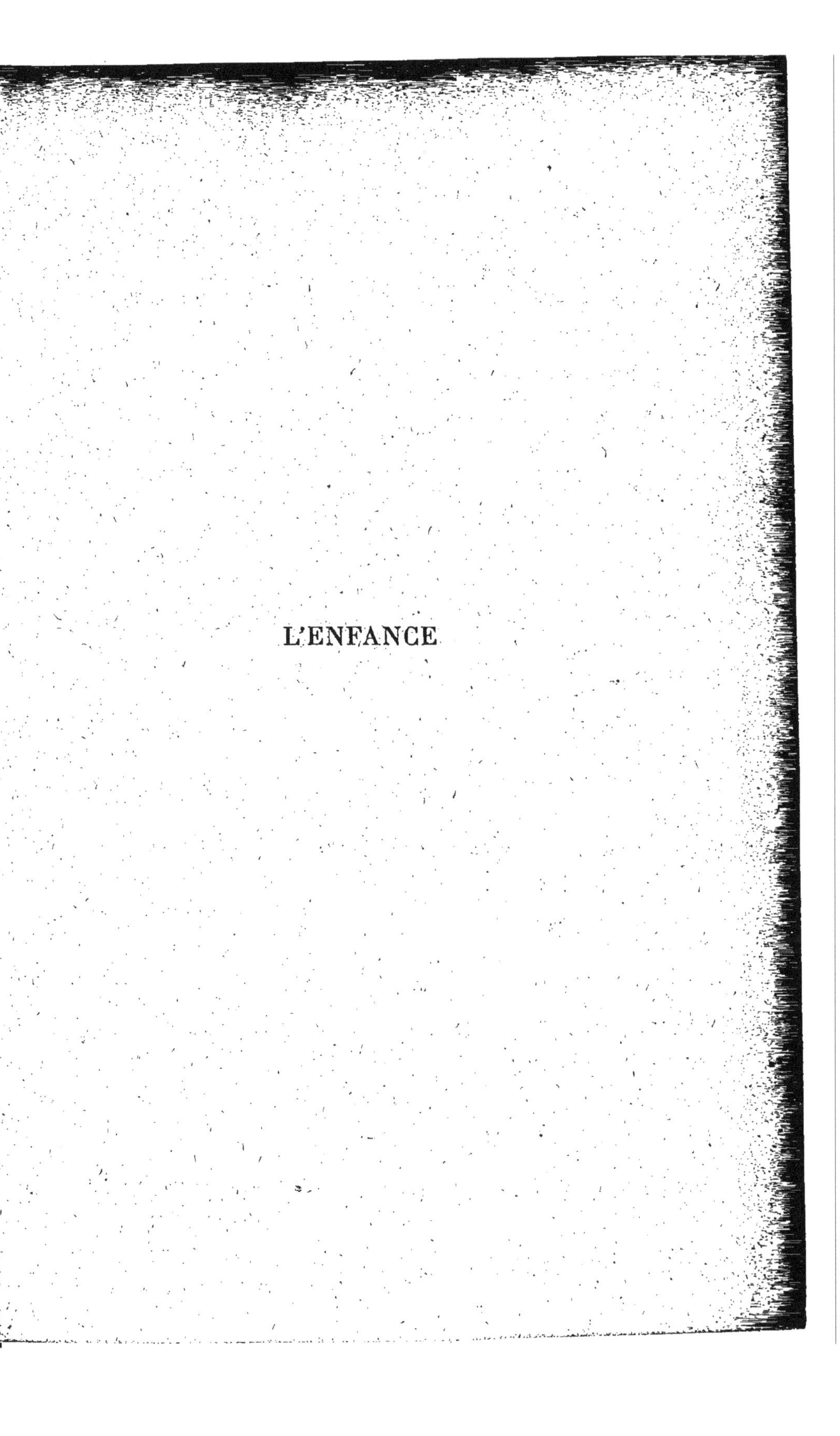

L'ENFANCE

HISTOIRE
D'UN ENFANT DU PEUPLE

CHAPITRE PREMIER

L'ENFANCE

I

Dans la matinée du mardi 26 août 1851, devant la maison Dumont, sur la montée de l'Observance, à Lyon, stationnait le corbillard des pauvres. Quelques ouvriers, hommes et femmes du peuple, une vingtaine tout au plus, parmi lesquels des canuts de la Croix-Rousse, la plupart habitant Vaise, attendaient la levée du corps pour former le convoi. Celui qu'ils allaient conduire au cimetière avait été leur ami ou leur voisin. Il s'appelait Gabriel Burdeau et était originaire de Cluny, en Saône-et-Loire. Il occupait en dernier lieu un emploi très modeste à l'École vétérinaire, sur le quai de Pierre-Scise, près du pont de Serin. Honnête et laborieux, comme la plupart des prolétaires, il n'avait depuis longtemps d'autre ressource que sa paye. Aussi la mort le surprit-elle à quarante ans et cinq mois sans un sou d'épargne. Ses camarades, pas beaucoup plus riches que lui, s'étaient cotisés pour couvrir les frais de son enterrement. Il laissait dans la plus grande gêne sa veuve, Pierrette Colin, âgée de trente-neuf ans, et ses quatre enfants en bas âge : deux filles et deux fils. Un cinquième, dont la naissance était prochaine, allait bientôt augmenter les charges de cette famille dans le dénuement.

Quand on déposa le cercueil de sapin sur le char funèbre, l'assistance se groupa, profondément émue. Des larmes brillaient dans les yeux : Gabriel Burdeau était regretté de tous ceux qui se trouvaient réunis là, appartenant comme lui à la classe ouvrière.

— Il s'en va jeune, disait-on, il n'aura connu que les journées noires de la vie et peut-être pas une seule de ses joies.

Le cortège, auquel la plupart des passants étaient indifférents, se mit lentement, silencieusement en marche, et traversa les rues, le quai, le pont, au milieu de la foule inattentive à la douleur muette et morne de ces pauvres gens. A l'église, la cérémonie, sans dépenses, fut courte. Au cimetière de Vaise, aujourd'hui désaffecté, deux fossoyeurs descendirent l'humble bière dans la fosse commune qu'ils comblèrent aussitôt. Alors les quelques personnes qui avaient rendu ce dernier devoir à l'ami, au travailleur disparu dans l'oubli, se dispersèrent.

Tandis que chacun rentrait chez soi, le deuil le plus navrant régnait dans l'étroit logement habité par la veuve de Gabriel Burdeau sur le quai de l'Observance. La mère, seule maintenant avec les quatre orphelins, avait le cœur brisé. Son regard angoissé s'enchaînait sur eux. Elle songeait, accablée, remplie d'effroi, à celui qui naîtrait dans quelques jours et ne serait accueilli que par l'indigence. Pourrait-elle l'élever, puisqu'il y avait déjà si peu de pain pour les autres? Pâle, souffrante, elle étouffait ses sanglots, ne voulant pas attrister davantage ceux qui n'avaient plus de père, mais elle repassait en son esprit les mille souvenirs déchirants de son existence de labeur sans relâche. Tout à coup cependant elle se sentit vaillante, et, ramassant toute son énergie, elle opposa au malheur la force du devoir : l'amour maternel triomphait de la fatalité.

Avant la maladie et la mort de son mari, elle faisait, pour ajouter quelque chose à la recette exiguë de la quinzaine, le métier de couturière. Cela lui rapportait à peu près trente sous par jour, quelquefois deux francs lorsqu'il y avait beaucoup d'ouvrage. Le soir, elle travaillait encore plusieurs heures pour des voisins un peu moins pauvres qu'elle. Ceux qui l'employaient s'intéressaient à son sort. On savait que c'était une brave femme, venue de la campagne et que la ville n'avait pas gâtée : courageuse, économe, active, ayant de l'ordre, s'occupant avec vigilance de ses enfants et les élevant bien, avec sollicitude. On lui offrit de la secourir, mais elle ne voulut accepter l'aide proposée que comme une avance sur ce qu'elle gagnerait : elle avait cette pauvreté fière qui refuse l'assistance gratuite et que l'on offense en lui parlant d'aumône.

L'enfant attendu vint au monde le mercredi 10 septembre 1851, quinze jours après la mort de son père. Il fut inscrit à l'état civil sous les noms d'Auguste-Laurent Burdeau. Les témoins qui apposèrent leur signature sur l'acte de naissance étaient François Peyron, âgé de cinquante ans, chapelier, demeurant rue Saint-Côme, n° 8, et Julien Montmain, homme de confiance, âgé de trente-quatre ans, demeurant rue Lanterne, n° 5.

II

On eût dit que cette petite créature chétive n'entrait dans la vie que pour en connaître les plus âpres infortunes. Auguste Burdeau naissait dans le chagrin. Ses yeux, en s'ouvrant à la lumière, ne se fixèrent pour la première fois que sur des visages affligés, des vêtements noirs, un milieu de privations. Il semblait que le bonheur ne dût jamais exister pour lui. Dans la route ardue où il ferait ses premiers pas et qu'il paraissait destiné à suivre toujours sous le poids des souffrances sociales, il n'aurait pas pour soutien et pour guide cette main paternelle, prévoyante et forte, que ne remplace qu'imparfaitement, lorsqu'il s'agit d'un fils, l'affection la plus tendre de la mère la plus dévouée. Dès sa toute jeune enfance, il devrait soutenir une lutte opiniâtre et il n'aurait surtout à compter que sur lui-même. Qui pouvait, à ce moment, prédire quelles seraient ses forces pour ne pas succomber à l'heure décisive?

L'avenir de l'enfant pauvre dépend en effet de tant de circonstances, parmi lesquelles le hasard joue souvent le plus grand rôle. Il est exposé à tous les dangers, à toutes les chutes, et tous les obstacles se dressent devant lui. Les premières impressions que reçoit son âme sans défense, où presque tout doit s'écrire, peuvent le perdre irrévocablement; trop souvent les premiers exemples qui le sollicitent et auxquels il cède fréquemment par instinct ou par entraînement sont ceux du vice; les premiers efforts qu'il tente n'aboutissent en général qu'à de cruels échecs, propres à paralyser sa volonté, à le faire tomber dans le découragement mortel. Sa faiblesse, qu'elle soit physique ou intellectuelle, invite à l'opprimer. Sa force est exploitée, s'il n'en garde pas l'indépendance. Sa pauvreté le met directement en contact avec les fanges, car la protection officielle de la société ne s'étend ni assez large, ni assez profonde, sur les couches inférieures auxquelles il appartient fatalement par sa naissance. L'armée la plus proche de lui est celle de la révolte : elle l'appelle dans ses rangs par tous les moyens de séduction, de persuasion, de menace. Qui peut dire d'avance quelles résistances ce déshérité trouvera en lui-même contre ces courants qui tendent à l'emporter? Qui peut assurer que ce petit être au berceau ne sera pas tôt ou tard broyé, comme des millions d'autres, dans l'engrenage social?

Dans les pays démocratiques, comme la France, où les institutions se perfectionnent par le progrès, où les barrières opposées au pauvre doivent tomber et disparaître successivement, l'enfant du peuple, le fils du prolétaire peut, il est vrai, — et nous le verrons au cours de ce livre, — s'élever au-dessus de la condition infime où il est né et même atteindre aux plus hauts sommets; seulement la loi de fer de l'existence commence par le subjuguer; la nécessité courbera, sous une implacable tyrannie, ses espérances ou ses audaces les plus viriles. Pour vaincre, il ne lui suffira pas, comme on est encore trop porté à le croire, d'être favorisé par les événements toujours incertains, secondé par la chance si inconstante. Il faudra qu'il ait de bonne heure le sentiment de la dignité, du devoir, et sache s'armer contre tout, sans s'écarter de la voie qui mène au but. Cette voie, l'enfant pauvre l'ignore : il est douteux qu'il y entre de lui-même si personne ne la lui désigne et ne l'y maintient en lui montrant ce qu'il doit faire pour y avancer, ce qu'il doit éviter pour ne pas s'y égarer. Or, il n'y a qu'un flambeau qui puisse l'éclairer sûrement, graduellement : l'éducation morale basée sur l'instruction.

III

Auguste Burdeau dut en grande partie ce bienfait à ses aptitudes et à sa spontanéité. Il était délicat en naissant, et le médecin déclara même qu'on le perdrait avant la fin de l'année. Sa complexion se ressentait, par une conséquence presque inévitable, des pénibles conditions dans lesquelles il avait vu le jour. Aussi n'y eut-il avant tout, pour lui, qu'une question à laquelle se subordonnaient toutes les autres : celle de vivre. Sa mère eut l'intelligence de sacrifier le reste à sa santé. On le porta à la campagne, tout près de Cluny, en Mâconnais, chez sa tante, où l'air pur et libre le nourrit, lui donna des forces avec le lait d'une brave paysanne qui le disputa à la mort.

Dès qu'il sut marcher seul, on le laissa aller où le poussait sa fantaisie enfantine, vaguer dans les prés, sur les chemins, dans les bois, et chercher la société qu'il préférait. Il grandit ainsi en sauvageon, n'aimant que les animaux, vaches, bœufs, moutons, porcs, chiens, chevaux, volaille, oiseaux, fuyant les gens, ayant, comme il se plaisait à le raconter plus tard, le talent de se faire des affaires avec ceux qui lui cherchaient noise, n'acceptant d'observations que d'un vieux bonhomme, voisin de sa tante, et qui lui enseignait les endroits où il y avait des nids.

Sa raison précoce s'éveilla toute seule aux leçons de la nature. Bien doué, le regard prompt, le petit jugement déjà bon et droit, aidé par les dispositions innées, il voyait et comparait, observait, réfléchissait, en enfant curieux de savoir, faisant de ces questions naïvement sensées qui dénotent le premier travail d'une intelligence apte à devenir solide, et lorsque les explications n'étaient pas suffisantes, renouvelant ses interrogations avec insistance jusqu'à ce que la réponse le contentât.

IV

Les toutes primes conceptions se gravent ineffaçablement dans l'esprit. Quand sur l'enclume malléable du cerveau jaillissent, sous le marteau de la pensée, les premières étincelles d'idées, la clarté produite par celles-ci est si tenace que souvent elle reparaît dans tous les événements de la vie. L'âme, encore toute de cire, garde à jamais cette empreinte où viendra se mouler le caractère. Ce qui s'y tracera dans la suite, par dessus, en tous sens, plus ou moins profondément, ne détruira point ces notions acquises à l'origine. En même temps qu'elles, sous leur impulsion, s'éveille une voix qui rend l'être conscient de sa personnalité et dont l'écho retentira pour lui dans toutes ses actions. Ces marques initiales sont presque toujours déterminantes, et l'influence du milieu les accentue parfois très fortement.

Les conditions mêmes dans lesquelles Auguste Burdeau fut tout d'abord élevé lui apprirent de très bonne heure à aimer la liberté, à exercer sa volonté, à rechercher les grands horizons.

Cette partie de Saône-et-Loire où était la maison de sa tante offre aux regards, quoique moins accidentée que le

Morvan autunois, une succession de paysages variés à l'infini qui, en récréant la vue, sous les caresses de la lumière, épanouissent l'intelligence et y font pénétrer les mystérieux effluves de la création se prodiguant ici avec autant de splendeur que de mansuétude.

Ce pays plat, doucement mamelonné par endroits, et partout fertile, avec ses vallées charmantes couvertes de luxuriantes céréales, de gras pâturages nourrissant les beaux bœufs charolais, avec ses coteaux aux pentes ondulées et gracieuses où mûrissent les raisins qui donnent les vins fameux; ces ruines de vieux châteaux, d'antiques abbayes, où l'imagination fait revivre les scènes imposantes du moyen âge, cortèges de moines, de rois, d'empereurs, de princes, de cardinaux, de patriarches, agenouillés sous la bénédiction papale; ces tours féodales, ces portails festonnés de mâchicoulis, ces maisons romanes et gothiques, ces carrières de granit, de marbre, de pierres précieuses, améthystes, émeraudes, tourmalines, grenats; ces villages nombreux ayant chacun leurs légendes, et dont les maisons gaiement ensoleillées l'été empanachent leurs cheminées de fumées montant, dit le poète, vers les nuages comme des rêveries vers les visions; tout, en ce tableau, s'anime et parle au spectateur attentif.

Assis au bord d'un des petits torrents qui forment la Grosne, libre comme les oiseaux qui tourbillonnaient au-dessus de sa tête, comme les libellules qui voletaient sur la moire de l'eau, le petit Auguste, fatigué de quelque longue course vagabonde, considérait avec intérêt le vaste ciel d'un bleu de pervenche, ou bien, quand venait le soir, étudiait, en écoutant les frissonnements des arbres et le bruissement des feuilles, les étoiles qui s'allumaient là-haut à des distances incommensurables, et qui étaient, lui avait-on assuré, autant de mondes.

V

A quatre ans, c'était déjà un petit garçon à la physionomie ouverte, très parlante, très mobile, aux yeux vifs, pétillants, reflétant l'activité de la pensée. Il avait l'entendement facile, la mémoire excellente, mais ne voulait apprendre ni à lire ni à écrire.

L'instituteur avait d'abord essayé de l'attirer à la maison d'école par la promesse de quelque image ou de quelque friandise. Il se serait peut-être laissé séduire s'il n'avait préféré le bourdonnement des abeilles, autour de leur ruche, aux voix chantonnantes et monotones des *petiots* blonds ou bruns marmonnant leur alphabet, tandis que le maître, les bésicles sur le nez, la baguette de coudrier à la main, reprenait sévèrement ceux qui se trompaient.

L'école n'était d'ailleurs, pour lui, qu'une espèce de prison. La seule fois qu'il consentit à y rester une heure, il y mit le désordre.

Rebelle à toute contrainte, il demeurait ainsi le plus ignorant de tous, quoiqu'il fût au vrai le plus intelligent. Sa tante ne le grondait jamais. On disait de lui qu'il ne saurait ni *a* ni *b*. Cependant le vieux voisin devinait ce qu'il y avait derrière ces yeux noirs si brillants. Aussi, en paysan madré, s'avisa-t-il d'un autre moyen: l'hiver, au coin de l'âtre, pendant la veillée, il le prit sur ses genoux et lui montra pour l'amuser les images d'un abécédaire en même temps que les lettres avec le secret de leur réunion en syllabes.

Auguste Burdeau apprit donc à lire pour ainsi dire sans

maître, la lecture n'impliquant pour lui, dans ces conditions, ni sa soumission à une tyrannie, ni l'abdication de sa volonté. Du moment qu'il sut épeler, il se passa d'auxiliaire, suppléant par l'intuition à l'enseignement proprement dit.

Grâce à cette initiative personnelle, il se fit bientôt avec les quelques livres qu'on pouvait mettre à sa portée un fonds de petites connaissances, qu'il s'entendait déjà ingénieusement à mettre à profit. Ce qui l'instruisait toutefois mieux que les livres c'était l'observation. Rien ne lui échappait, et ce qu'il ne saisissait pas, il le demandait à sa tante, obligeant la bonne paysanne à être savante, malgré elle, pour lui donner un éclaircissement qu'elle n'avait jamais cherché elle-même.

VI

Jusqu'alors, accoutumé à se contenter de peu, il ne sentait pas le besoin. Ses vêtements de petit paysan ne préservaient pas toujours du froid ses membres délicats d'enfant jeune et grêle; mais il s'endurcissait aux frimas, aux brouillards glacés, aux pluies cinglantes qui tombent si fréquemment dans cette région. Ses repas n'étaient ni recherchés, ni abondants : un morceau de pain, une tasse de lait, une assiettée de pommes de terre, auxquelles s'ajoutait, les jours de régal, un peu de lard ou de viande de boucherie; mais il ne connaissait pas la faim. Il avait toutefois un chagrin, qui ne le quittait pas, bien qu'on le choyât autant que possible : on lui parlait souvent de sa mère, de ses sœurs, de ses frères, et il ne les voyait pas. Cette séparation lui causait une telle peine que chaque fois qu'il y pensait, il avait les larmes aux yeux. La famille était son aimant. On le surprit un jour au pied d'un arbre, tout sanglotant. On voulut savoir ce qui lui manquait. Quand on s'aperçut qu'il regrettait les siens à ce point, il fut convenu qu'on le renverrait pour quelque temps auprès d'eux. Sa mère, qui habitait toujours Lyon, vint le chercher en 1856. Elle demeurait alors sous les combles, dans la maison qui porte le n° 6 de la rue des Célestins, près du quai du même nom.

Presque immédiatement après le retour de l'enfant à Lyon, eut lieu la terrible inondation qui détruisit une partie considérable de la ville, laissant partout des marques de son passage. Les pauvres gens eurent le plus à souffrir de ce fléau. Tout chôma et pendant plusieurs jours la misère fut poignante. Les prix des denrées augmentaient dans des proportions qui en rendaient l'achat impossible aux malheureux. Malgré des miracles de parcimonie, la courageuse veuve fut plus d'une fois obligée de laisser passer les vingt-quatre heures de la journée sans pouvoir donner à manger à ses cinq enfants. La santé du petit Auguste s'en ressentit, et elle craignit qu'il ne devînt malade. Heureusement le séjour à la campagne lui avait donné quelque vigueur, sa constitution était maintenant un peu plus robuste. Il traversa sans en souffrir dangereusement cette période d'extrême privation. Les secours distribués par les autorités et les souscriptions publiques ramenèrent un peu de bien-être dans les mansardes.

On avait parlé de faire retourner Auguste au village, où il aurait eu moins à pâtir qu'en ville; mais il supplia de le garder, promettant naïvement de se bien porter et de ne jamais se plaindre.

Il était déjà très décidé, et l'on voyait poindre cette force de volonté qui devait, avec la bonté, être le trait dominant de son naturel.

On se rendit à sa prière, et jamais depuis cet instant il

ne fit entendre un murmure, que son estomac le tiraillât ou que son pauvre costume rapiécé ne le mît pas assez à l'abri des intempéries.

Il était, tout petit, très reconnaissant de ce que l'on faisait pour lui, et il disait souvent qu'il aurait voulu être plus grand et plus fort, afin de pouvoir travailler, lui aussi, comme l'avait fait son père dont on lui citait l'exemple. A sept ou huit ans il tâchait de se rendre aussi utile que le permettait son âge, et sa plus grande joie, quand il avait fait une besogne achevée avec empressement, était d'être récompensé par un sourire de sa mère qu'il adorait

VII

Ce fut, croyons-nous, vers cette époque, qu'Auguste Burdeau devint le compagnon de promenade du chansonnier populaire Pierre Dupont.

L'auteur des *Bœufs* et des *Louis d'or* avait alors près de quarante ans. Fils de canut, ayant débuté lui-même comme ouvrier dans une filature de soie, il était pour les bateliers du Rhône et les tisseurs un frère, un ami. On choquait le verre avec lui en mille occasions, il mangeait volontiers à la table des artisans et des *gones*, on l'abordait familièrement dans la rue, et c'étaient les mains calleuses qu'il retenait dans les siennes avec le plus d'effusion.

Ses chansons, pleines de fraîcheur ou brûlantes de patriotisme et d'amour humanitaire, lui avaient conquis l'affection de toute la population ouvrière. Enfant du Lyonnais, il était resté fidèle à ses souvenirs du berceau, aux peupliers ombreux de la Saône, aux champs, aux prés, aux bois, reflétés dans ses petits poèmes. Il avait retracé les physionomies des divers métiers, leurs joies, leurs douleurs, leurs dangers et leurs triomphes. Nul, mieux que lui, n'avait su peindre sur le vif le tisserand, le chauffeur, le carrier, le pêcheur, le braconnier, les paysans ; nul n'avait mieux fait parler les sapins, les pins, les platanes, les tilleuls, et, redit en couplets rustiques, leurs confidences et celles de la plaine « verte l'hiver, jaune l'été ». Nul aussi n'avait ébloui et attendri comme lui, quand de son cœur jaillit ce *Chant des Ouvriers* que Baudelaire appelle « un admirable cri de douleur et de mélancolie ».

> Aimons-nous et quand nous pouvons
> Nous unir pour boire à la ronde
> Que le canon se taise ou gronde
> Buvons
> A l'indépendance du monde.

Poète des forêts et de la foule, comme il l'a dit lui-même, il devait sa notoriété, sa vogue à la sincérité de son talent, à la chaleur de son inspiration, à ce cœur débordant de vraie fraternité où battait le cœur de tous, mais principalement des humbles, des petits, des souffrants. Il avait traduit en ses strophes, redites par toute la France, leurs aspirations, leurs espoirs, leurs plaintes, leurs clameurs, leurs désespérances, avec la même vibrance de sentiment qui résonnait dans ses symphonies agrestes ou ses naïves idylles.

On se rappelait aussi, dans les centres républicains, dans les ateliers et les usines, qu'en 1851 et pendant les six mois qui suivirent le coup d'État, il avait été traqué comme une bête fauve par la police bonapartiste, et qu'enfin, surpris, livré peut-être, il avait, lui, le doux rêveur philosophique, l'artiste génial épris du bien et du vrai comme du beau, été condamné à sept ans de déportation à Lambessa. Gracié avant d'être embarqué avec la chiourme, il s'était, pour ne pas voir de près les hontes impériales, réfugié dans l'ombre et le silence.

Cependant il ne pouvait s'empêcher de vivre, comme auparavant, sur la place publique. Il y rencontrait ceux qui se taisaient comme lui, mais dont les regards disaient, autant que les siens, leurs haines contre le régime de l'usurpation. Les mains derrière le dos, la tête levée, poursuivant son inspiration, sifflant entre ses dents la chanson qu'il venait de créer, il allait, devant lui, trahissant dans sa mise la gêne qui était peut-être de la misère. Ses yeux bleus, limpides, mobiles, respirant la bienveillance, s'arrêtaient parfois sur un enfant qui passait, le cartable sous le bras, suivant le chemin de l'école, et il se baissait pour parler à ce petit, interdit d'abord à côté de cet homme aux larges épaules un peu voûtées, mais se rassurant aussitôt en voyant la bonté de ce profil si doux, à la barbe soyeuse, à la fine moustache, si éloquemment reproduit par le peintre Gigoux.

VIII

Un jour, Pierre Dupont avait ainsi lié connaissance avec Auguste Burdeau, et l'amitié, puis la confiance, s'étaient établies entre eux. Le poète emmenait, avec le consentement de la mère, l'enfant aux environs de Lyon où chaque semaine ils faisaient de nouvelles et longues excursions en variant leur itinéraire, comptant sur l'imprévu pour trouver le menu de leur déjeuner et le bornant souvent à un croûton de pain que l'on trempait dans la fontaine ou la source pour ne pas le manger sec.

Rochetaillée, le village natal du chansonnier, où il avait, après la mort de sa mère, été élevé par un vieux prêtre, son parrain, est si peu éloigné de la ville qu'on peut y aller et en revenir à pied en trois heures et demie. Le poète aimait

PIERRE DUPONT
Poète et Chansonnier

à suivre ce chemin. Ils visitaient les rochers du bord de la Saône, taillés, suivant la tradition, par l'ordre d'Agrippa, pour régulariser le cours de la rivière. Quelquefois, voulant rendre leur route plus agréable, ils prenaient par Saint-Cyr et, quand le temps était beau, le sentier sec, le ciel clair, l'homme juchant le petit garçon sur son épaule, escaladait avec son léger fardeau, d'un pas allègre, le mont Ceindre, d'où ils contemplaient les sites pittoresques de la vallée de la Saône et du Rhône, les paysages verdoyants, plus ou moins lointains, de la Bresse, du Bugey, du Beaujolais, du Dauphiné, du Forez, et même, lorsque l'horizon était très étendu, quelques cimes alpestres. Ils dévalaient ensuite de la montagne en riant, et se rendaient à l'ermitage Guillot, à l'endroit où s'élevaient, faisant face à Rochetaillée, les deux beaux peupliers qui servaient de limites aux villages de Collonges et de Fontaine-Saint-Louis, et dans les branches desquels « les colombes appelaient en battant des ailes leurs ramiers. »

Tout en marchant, le poète parlait, chantait, contait, et ce qu'il disait pénétrait jusqu'au fond de l'âme de son petit auditeur ravi. C'étaient non seulement des leçons de toutes les choses qui s'étalaient sous les yeux avec leurs splendides et mouvantes variétés de formes, de contours, de couleurs, de méplats, mais aussi une initiation patiente, affectueuse, à ce qu'il importe le plus de savoir pour se soustraire à l'ignorance, qui est le plus grand des malheurs, et pour acquérir cette connaissance et cette pratique des devoirs et des droits de l'homme, qui est le fondement de l'indépendance morale et du bonheur.

Pierre Dupont, s'abandonnant à tout l'essor de ses convictions, laissait librement s'échapper de son cœur les pensées qui revêtaient sur ses lèvres un langage éclatant, imagé, chaleureux. Il donnait l'élan à ses espérances philosophiques, à ses rêves de fraternité universelle, et les vers se forgeaient d'eux-mêmes, faisant sonner leur rythme ou couler leur mélodie improvisée, tandis que Auguste Burdeau, recueilli, silencieux, captivé par cette harmonie troublante, sentait comme une rosée bienfaisante d'idées qui tombait sur sa raison et l'imprégnait. L'enfant ne saisissait pas assurément le sens bien exact de tout ce qu'il entendait, mais il lui semblait boire à une source fraîche, pure, riche, et il s'y abreuvait à longs traits.

Personne ne disait les vers de Pierre Dupont comme Pierre Dupont lui-même. Il en accentuait la cadence avec un charme ineffable ; il interprétait le sentiment de chaque mot, colorant chaque pensée de sa nuance exacte, et détaillant chaque image avec une verve inépuisable qu'il trouvait dans son amour profond de la poésie. « Sa voix très étendue, nous dit un de ses biographes, était pleine de sonorité mais d'un timbre sympathique, tantôt vibrant avec enthousiasme, tantôt modulée avec des inflexions d'une douceur et d'une tendresse inexprimables. Lorsqu'il déclamait ses chants, sa physionomie reflétait les émotions de son âme. Les sensations qu'il vous faisait éprouver se développaient graduellement, comme si elles vous étaient communiquées par une influence magnétique, et l'admiration qui vous gagnait se traduisait en élans spontanés et irrésistibles. » « Il avait, ajoute Baudelaire, l'amour de la vertu, de l'humanité, ce je ne sais quoi qui s'exhale incessamment de sa poésie et que l'on peut appeler *le goût infini de la République.* » Le poète inspira ce goût à l'enfant. Pierre Dupont fut le premier éducateur d'Auguste Burdeau, et la trace de cette influence a été profonde.

IX

Que de fois, dans leurs courses errantes, dont plusieurs, se prolongeant jusqu'au lendemain, prenaient les proportions d'aventures, ils dirent ensemble les *Bœufs*, la *Vigne*, les *Fraises des Bois*, la *Mère Jeanne*, les *Louis d'or*, le *Lavoir*, la *Musette Neuve*, le *Sauvage*, les *Tilleuls*, les

Platanes, les *Bords de la Saône*, la *Chanson de la Soie*, la *Chanson des Prés*, le *Chant des Ouvriers*, le *Chant des Transportés*, surtout les *Sapins*, ce chef-d'œuvre!

Le petit garçon apprenait, dans le même temps, à penser et à chanter juste. Le poète racontait à quelle occasion il avait composé chacun de ses poèmes; il narrait comment Pierre Lebrun, l'auteur de *Marie Stuart*, après la lecture de ses *Deux Anges*, avait pris l'initiative d'une souscription pour l'exonérer du service militaire et lui acheter un remplaçant, afin qu'il pût continuer à composer ses chansons; comment Théophile Gautier l'avait présenté au monde littéraire; comment, à Paris, il avait été acclamé avec enthousiasme par Baudelaire, ce sceptique, d'ordinaire si peu accueillant pour les jeunes; et comment, en revanche, il s'était vu mener durement, avec hauteur et colère, par Barbey d'Aurevilly, ce juge fielleux des hommes et des œuvres, que ses protestations catholiques auraient dû rendre plus charitable, sinon plus indulgent, à l'égard des néophytes de la poésie.

Chaque commentaire d'un chant ou d'une chanson était un thème de morale, que le poète développait, descendant, pour que rien n'en fût perdu, au niveau du jeune entendement de son petit compagnon.

— J'avais, lui dit-il un jour, onze ou douze ans, et je suivais les cours du petit séminaire de Largentière, où mon parrain m'avait envoyé. Nous faisions, à travers champs, une leçon pratique de botanique, dans un vallon étroit, verdoyant, légèrement accidenté, quand au détour du chemin j'aperçus, pour la première fois de ma vie, une forêt de sapins, qui me parut noire, tant elle était sombre, sur la pente d'une haute montagne. Ce contraste me frappa, et l'impression que j'en ressentis resta, pour ainsi dire, ancrée dans mes souvenirs. Je l'y retrouvai vingt ans après, et ce fut ce qui m'inspira les *Sapins*.

Puis, debout, ses beaux cheveux au vent, le regard inspiré, il répétait le magnifique récitatif dont l'enfant, transporté, accompagnait la prière d'une si superbe facture :

J'allais cueillir des fleurs dans la vallée
Insouciant comme un papillon bleu,
A l'âge où l'âme à peine révélée
Se cherche encore et ne sais rien de Dieu.
Je composais avec amour ma gerbe,
Quand au détour du côteau, l'aspect noir
De sapins verts couvrant un sol sans herbe
Me fit prier ainsi sans le savoir :

Dieu d'harmonie et de beauté
Par qui le sapin fut planté,
Par qui la bruyère est bénie,
J'adore ton génie
Dans ta simplicité.

Le sapin brave et l'hiver et l'orage ;
Chaque printemps lui fait un éventail.
Droite est sa flèche et vibrant son feuillage ;
L'art grec s'y mêle au gothique travail ;
Ses blancs piliers un souffle les balance
Sans plus d'efforts que les simples roseaux.
Chœur végétal, symphonie, orgue immense,
Qui darde au ciel d'innombrables tuyaux.

Les bûcherons, dont la hache est sonore,
Sapin géant, coupent tes bois légers,
Qui porteront du couchant à l'aurore
Hommes, bestiaux et produits échangés.
De ta résine on enduira tes planches,
Tu doubleras les caps sombres sans peur,
Tantôt voguant au gré des voiles blanches,
Tantôt poussé par l'ardente vapeur.

L'archet de Dieu règle votre cadence,
Musiciens rhythmés par l'aquilon ;
Un jour, des bals vous mènerez la danse,
De l'orme agreste au splendide salon.
Vous traduirez des accents dont la flamme
Cherche des cœurs l'invisible chemin ;
Aux violons vous donnerez une âme
Et vibrerez sous un archet humain.

Heureux sapins, vos solives légères
Font les chalets, construisent les hameaux ;
Dans vos taillis se cachent les bergères
Et les buveurs dorment sous vos rameaux.
L'humanité par vos soins est servie,
Bois familiers, dans sa joie et son deuil ;
Dans un berceau vous accueillez sa vie
Et vous clouez ses morts dans le cercueil.

Arbres divins, respectés des tempêtes,
Vous inspirez le calme et les douceurs,
Qu'aime la foule aux vers de ses poètes
Et qu'Apollon enseignait aux neuf sœurs.
Quand au hasard la sagesse infinie
Éclaire un front, c'est à l'ombre des bois.
Reviens, Orphée, y rêver l'harmonie.
Viens, ô Lycurgue, y méditer des lois.

Dieu d'harmonie et de beauté,
Par qui le sapin fut planté,
Par qui la bruyère est bénie,
J'adore ton génie
Dans ta simplicité.

— Enfant, ajoutait le poète, toi aussi tu rencontreras dans ta vie la forêt de sapins, noire, sombre, au détour du chemin verdoyant, car la tristesse domine toutes les joies du pauvre, et s'il veut s'en affranchir, retrouver la grande route, large, belle, fertile, sous la chaleur bienfaisante et féconde du soleil, il faut qu'il marche longtemps, longtemps, sans se plaindre si les pierres mettent ses pieds en sang, si la faim le torture et si les hommes le raillent ou l'outragent. Il n'y a qu'une loi qu'il ne doit jamais oublier : celle du devoir. Il n'y a qu'un amour qui ne doit jamais tarir pour lui : celui de la patrie. Avec cela qu'il soit vertueux, sage, bon, désintéressé, il aura fait sa tâche et creusé son sillon.

X

Telle fut la première éducation morale d'Auguste Burdeau, et dès cette heure elle l'anima du désir avide d'apprendre à se bien conduire.

Ce petit garçon de huit ans eut le sentiment précoce, mais très précis, de la nécessité, pour lui comme pour chacun, d'être éclairé, juste et bon, de se rendre capable de suivre la loi morale, de s'y soumettre volontairement, irrésistiblement, de s'imposer pour tâche incessante le bien. Il s'inclina devant le devoir par volonté, et s'appliqua très délibérément à le connaître.

Au village, il avait évité le chemin de l'école, pleurant quand on parlait de l'y mener, aimant bien mieux pourchasser un lapin gris ou un écureuil rouge dans les châtaigneraies. Maintenant, il était honteux de sa paresse passée, et impatient de se rattraper.

Il embrassa Pierre Dupont sur les deux joues quand le poète lui proposa un matin de le mettre à l'école publique, et il se promit à lui-même d'être un élève docile, studieux, de s'en remettre à ceux qui savaient, pour s'instruire dans les choses honnêtes et droites.

Chez sa tante, il n'en faisait qu'à sa tête, et on l'avait si bien gâté qu'il était devenu un tyran capricieux. A présent, il obéissait à sa mère, il était serviable avec ses frères et ses sœurs, obligeant envers ses camarades, et il se traçait cette règle parce que le poète, son ami, lui avait dit que sans l'obéissance l'enfant ne peut devenir un honnête homme, que sans la bonté on ne peut pratiquer la justice et la charité, qui sont les deux plus beaux et plus grands devoirs de tout être humain.

A son entrée dans l'école publique, Auguste Burdeau fut salué par des railleries et des quolibets, accueil généralement réservé aux nouveaux. Les autres ne lui prodiguaient les moqueries que parce qu'ils avaient sur lui quelque avance. Piqué d'émulation, il se mit bientôt au niveau de sa classe. Au bout de très peu de temps, son maître le remarqua, constata son zèle, ses progrès, l'encouragea, lui donna quelques conseils particuliers qui portèrent fruit. A la fin de cette année scolaire, il remportait d'assez brillants succès.

Ses premières grandes vacances furent utilement employées. On ne l'appelait plus chez lui que le « dévoreur de livres ». Il s'absorbait dans tous ceux qui lui tombaient sous la main, et l'on était obligé de l'appeler à plusieurs reprises quand la soupe fumait sur la table. Hélas! la soupe ne faisait partie du menu que le dimanche. Dans la semaine, on ne mangeait d'ordinaire que du pain, du fromage, quelques légumes, et souvent un repas comptait pour deux. Le salaire unique de la mère restait toujours également faible, et les charges augmentaient à mesure que les cinq enfants grandissaient.

XI

Bien des fois, dans la bourse du ménage, il n'y avait pas un sou de reste pour acheter le papier et les plumes que demandait le petit écolier, et alors il devait se passer d'écrire. C'était pour lui une véritable souffrance et telle qu'il aurait mieux aimé se priver de pain. Ce qui lui causait encore plus d'ennui et une réelle affliction, qu'il n'osait laisser soupçonner de peur de faire de la peine à sa mère, c'était, à l'arrivée de la nuit, l'impossibilité de continuer sa lecture parce qu'on était sans lumière. L'oisiveté d'esprit à laquelle il se trouvait alors condamné le tourmentait, mais il aurait rougi de réclamer une chandelle. Cette exigence égoïste ne lui venait pas même à la pensée. Cependant, il aurait voulu trouver un moyen de remédier à cette privation, et comme son imagination ne lui suggérait rien, il était malheureux.

Un samedi, rentrant couvert de neige, il s'approcha, pour se sécher, du foyer où, sur des charbons, chauffait le dîner frugal de la famille. La flamme assez vive éclaire tout à coup le livre qu'il avait laissé au départ près de la cheminée, sur une chaise. Il pousse un cri de joie. Oubliant qu'il était mouillé, il se couche à plat ventre sur le plancher, son livre ouvert devant lui, et, dans cette position, il lit jusqu'à l'arrivée de sa mère. Elle le gronda un peu, pas très sévèrement, car elle était intérieurement fière de son application, et il eut la permission de se servir désormais de cette clarté, qui n'occasionnait pas pour sa lecture une dépense supplémentaire.

Depuis qu'il était élève de l'école publique, il avait dû renoncer à ses promenades avec le poète, mais Pierre Dupont venait le voir souvent. Un jour, l'auteur des *Sapins* lui annonça qu'il partait pour Provins, où demeurait son grand-père. Le chagrin de l'enfant fut amer. C'était comme si sa gaieté disparaissait sous un nuage noir. Le poète le rassura vainement en lui promettant de revenir bientôt : il ne parvint pas à rendre complètement le calme à ce bon petit cœur qui éprouvait la première déception cruelle.

LES ÉTUDES

CHAPITRE II

LES ÉTUDES

I

Lyon avait alors pour préfet un émule de Haussmann[1]. A l'exemple de ce dernier, M. Vaïsse fut un sabreur de vieilles rues pittoresques, étroites et malsaines, un éventreur de quartiers noirs et insalubres à travers lesquels il fit passer l'air et le soleil par le percement de larges voies nouvelles bordées de maisons de six étages. Durant des années, grâce à lui, les démolisseurs et les rebâtisseurs eurent de la besogne, les spéculateurs sur l'expropriation ou la plus-value des immeubles s'enrichirent. Ces bouleversements ne laissèrent subsister qu'une certaine partie du vieux Lyon sur la rive droite de la Saône, aux environs de Saint-Nizier et de la place des Terreaux. Ils transformèrent la ville ouvrière et industrielle en une cité de luxe, où les logements renchérirent et la vie devint plus coûteuse. Le véritable but de ces travaux était de donner le change à l'opinion. Sous prétexte d'assainissement, on créait, comme à Paris, de grandes

1. Haussmann, Préfet de la Seine de 1853 à 1870.

artères stratégiques pour écraser les insurrections. La population ne s'y trompait pas, et les ouvriers, affiliés en nombre considérable à l'*Internationale*, frémissaient sous un joug de fer qu'ils étaient impatients de secouer. Il n'y avait que la bourgeoisie, appelée alors bien pensante, qui applaudît à ces mesures : les fonctionnaires qui devaient tout à l'Empire, les financiers et les petits rentiers bénéficiant de l'agiotage, les commerçants aisés arrondissant leur fortune en profitant de la période de richesse factice. Lyon, comme Paris, n'était tranquille et prospère qu'à la surface, mais personne, et son préfet moins que tout autre, ne s'occupait de sonder les plaies profondes.

M. Vaïsse était venu de Lille où il avait dirigé l'administration préfectorale. Il y avait trouvé dans les proviseurs du lycée qui s'y étaient succédé, MM. Fabre et Petitbon, deux hommes d'expérience et d'initiative qui lui avaient ouvert les yeux sur les lacunes de l'instruction populaire, à laquelle il paraissait alors s'intéresser. Mais, en arrivant à Lyon, il avait oublié ces conseils et ces intentions. Absorbé tout entier par la voirie, entouré constamment d'architectes, d'ingénieurs, de maçons, préfet de l'Empire d'ailleurs, attendant son mot d'ordre de Persigny[1] et le suivant servilement, il ne fit rien pour l'enseignement. La municipalité, qui depuis le coup d'État n'était plus élue, expliquait, de son côté, par la privation d'autonomie, l'indifférence et l'incurie dont elle faisait preuve.

Les écoles publiques avaient à leur tête des hommes capables et dévoués, mais les programmes, mal conçus, sans visée pratique, n'offraient ni plan ni coordination. M. Duruy n'avait pas encore remplacé M. Rouland au ministère de l'Instruction publique : toutes les réformes restaient à accomplir. On ne comprenait pas, comme on le fait aujour-

1. Le duc de Persigny était ministre de Napoléon III.

d'hui, l'importance du rôle de l'instituteur; la situation du professeur primaire, qui doit être la plus considérée de toutes, était la moins enviable. Le maître d'école, qui tenait dans ses mains l'âme de l'enfant, n'avait pas pour fonction, dans les institutions sociales, de faire de lui un homme et un citoyen, puisqu'il n'y avait pas d'éducation morale et civique. On donnait des leçons, on faisait passer des examens, on délivrait des certificats et des diplômes, mais les études ne tendaient pas directement à développer le cœur et la conscience, en même temps que l'intelligence. La mission de ceux qui avaient charge d'instruire n'était pas délimitée. Les règlements d'organisation pédagogique n'existaient pas. La pédagogie, à peine naissante à cette époque en Allemagne, à la suite des écrits de Pestalozzi, de Diesterweg, de Herbart, était ignorée en France, ou n'y comptait que quelques promoteurs isolés dont la voix n'avait pas d'écho. On se bornait à meubler la mémoire de l'enfant et l'on ne s'occupait que très accessoirement de former son jugement. L'instruction n'était ni gratuite ni obligatoire. Dans les familles d'ouvriers, il n'était pas rare de rencontrer des adultes absolument dénués des notions les plus élémentaires. Les mieux favorisés, ceux qui avaient appris quelque chose, le savaient d'ordinaire très mal, ou l'oubliaient vite, l'atelier ou l'usine les prenant à douze ans, même à dix. Leur bagage de connaissances n'allait, au reste, pas au delà de l'écriture, de la lecture, du calcul, avec un peu d'histoire et de géographie, réduites l'une et l'autre à des nomenclatures sommaires. On enseignait machinalement suivant une routine. Quand le chef de la famille n'inspirait pas à son fils la moralité, ne lui apprenait pas le devoir, ne lui parlait pas de la responsabilité personnelle, ce n'était guère dans la classe qu'il en était question. Le maître d'école, peu honoré, n'avait d'ailleurs qu'une autorité restreinte : il ne se sentait appuyé ni par les parents, ni par les supérieurs dont il relevait. Aussi ne voyait-on pas sortir des écoles de la ville de ces sujets éminents, prêts à aller plus loin et plus haut, en appelant sur eux, d'une manière particulière, l'attention des inspecteurs.

II

Cependant, à Lyon, vers 1860, un enfant faisait exception à cette règle presque générale partout. Ses professeurs le citaient comme modèle, il était moniteur, et, les jours d'inspection, on l'appelait le premier au tableau.

C'était Auguste Burdeau.

Plus avancé que ses camarades, grâce à lui-même, il ne se contentait pas d'écouter avec intelligence les leçons, de s'appliquer sérieusement aux compositions, aux devoirs, de l'emporter dans la plupart des branches; son esprit très souple s'assimilait, comme en se jouant, tout ce dont il pouvait faire provision. Ses maîtres étaient étonnés de tout ce qu'il savait déjà, sans qu'il pût dire où il avait pris le temps de s'approprier ces connaissances bien réfléchies et bien classées. Il trouvait promptement réponse aux questions embarrassantes, et l'on voyait tout de suite qu'il n'emmagasinait pas au hasard, sans discernement, mais qu'il aimait à scruter le fond des choses. Il avait des dons primesautiers, et aussi une ténacité tout à fait extraordinaire, une volonté merveilleusement énergique, ne s'arrêtant pas à l'à peu près, creusant sous les surfaces, cherchant les difficultés pour les résoudre, et, cela fait, en abordant aussitôt d'autres. Travailleur infatigable, mais venant à bout de sa besogne plus vite que tout autre, quoiqu'il eût l'air de ne pas y toucher, il n'était jamais satisfait de sa tâche, et s'en imposait de supplémentaires à côté de celles que l'on attendait de lui.

Il plaisait par sa bonne tenue, et ceux qui, dans ce temps-là, s'asseyaient sur le même banc d'école que Burdeau, se rappellent encore aujourd'hui son affabilité et sa franchise. Poli autant que sincère, élevé dans le respect de lui-même et des autres, on savait qu'il était vraiment tel qu'il paraissait. La tête droite, regardant en face celui à qui il parlait, il eût tenu pour une lâcheté de déguiser une faute, d'éviter une punition, de la laisser infliger à un condisciple quand elle ne devait retomber que sur lui-même. « Franc et Français ne sont qu'un même mot », aimait-il déjà à dire, et il le prouvait.

Sa grande joie consistait à sortir le dimanche avec sa mère; son rêve était d'être bientôt assez instruit pour gagner de l'argent, afin qu'elle n'allât plus en journées chez d'autres et pût vivre chez elle, comme une bourgeoise aisée. Il lui disait tout ce qu'il faisait et pensait, ses espoirs et ses préoccupations, car il en avait à cet âge où on ne les connaît guère. Elles provenaient de ce sentiment de la responsabilité, qui était très vivace en lui, et dont pour rien au monde il ne se serait affranchi. Les conseils de Pierre Dupont germaient dans son âme, et aussi ceux d'un compagnon de son père, M. Passérieu, mécanicien à la manufacture de tabacs, esprit droit, de bon sens, de vue nette, homme inflexiblement probe, qui fut le mentor de son enfance.

Toutes ces qualités, qui n'étaient assurément pas exemptes de défauts, faisaient de lui un enfant raisonnable, sérieux à l'étude, tout en étant gai et plein d'entrain dans les récréations, aimé de ses camarades qui ne jalousaient pas ses couronnes et ses prix, parce qu'on savait qu'il les méritait et qu'il ne tirait point vanité de ses succès.

Sa mère, à qui il devait ses principes de droiture, de travail et d'ordre, était très bonne pour lui, mais sans faiblesse. Elle le reprenait lorsqu'il le fallait, et alors il convenait ouvertement de ses torts, prenait la résolution de s'en corriger et tenait parole. Pour le récompenser, elle lui permettait d'employer les petites épargnes qu'il avait, quelques sous, pas davantage, à l'achat des Chansons de Pierre Dupont qu'on vendait en livraisons illustrées avec la musique de Reyer, chez Mme Jacques, dont la librairie était sur le quai des Célestins, ou chez M. Metten, qui étalait les ouvrages nouveaux à la devanture de son magasin de la rue d'Égypte. Quelquefois M. Augustin Barral, dont la fabrique de billards était au rez-de-chaussée de la maison habitée par l'enfant, l'appelait, le faisait entrer, l'interrogeait sur ses progrès, et lui prouvait son contentement en lui donnant une petite pièce neuve de quatre sous, sans avoir besoin de lui recommander de ne pas la dépenser à l'insu de sa mère.

III

Un jour, pendant une inspection, un fonctionnaire de la préfecture, qui assistait aux interrogations, le pressa de questions, lui tendant des pièges, et voulant s'assurer si ce que l'on rapportait de cet élève exceptionnellement doué n'était pas exagéré, s'il n'y avait pas là une réputation surfaite, plus de brillant que de fond, plus de facilité que de réel savoir.

L'examen dura longtemps. L'enfant, tout en répondant avec précision, d'une manière remarquable, fixait attentivement les yeux sur son interrogateur, et ne pouvait s'empêcher d'étudier cette physionomie singulièrement expressive, ce grand front pensif, tout découvert, auquel les cheveux droits et drus faisaient comme un cimier. Lorsqu'il revint à sa place, félicité de ses progrès, un

Le Poète JOSÉPHIN SOULARY

(D'après un portrait communiqué par le lycée de Lyon)

camarade lui dit tout bas qu'il avait été interrogé par M. Joséphin Soulary.

Ce nom, qui n'aurait peut-être rien appris à tout autre écolier, fit faire à Burdeau un geste d'étonnement : il l'avait trouvé, en effet, quelques jours auparavant, au bas d'un sonnet, dans la *Gazette de Lyon* que sa mère avait rapportée et lui avait laissé lire.

Peu connu alors du grand public, l'auteur de la *Vision sur Rome,* qui fut, suivant le mot de Sainte-Beuve, « l'un des soucieux de la forme, sachant enfermer une goutte d'essence dans une larme de cristal », avait, à la préfecture, un emploi modeste de sous-chef de bureau; mais ayant débuté comme simple expéditionnaire, puis gravi successivement les échelons, il devait à son mérite, généralement reconnu, une certaine autorité. On le consultait sur les questions scolaires, et souvent on le déléguait dans les fonctions d'examinateur. M. Soulary fut frappé de la précocité du petit garçon qui avait répondu avec tant d'assurance et d'exactitude, et il n'eut pas de peine à pressentir les aptitudes de cette intelligence d'élite et d'avenir, de ce cerveau déjà admirablement équilibré, donnant des promesses de force et de puissance que l'on eût été coupable de ne pas seconder.

— Mon enfant, dit-il, avec ce sourire un peu amer qui lui était propre, mais qui n'excluait pas la bienveillance, vous devriez dire à vos parents de vous mettre au lycée. Votre père ne s'y refusera certainement pas.

L'enfant le considéra avec tristesse.

— Mon père est mort il y a longtemps, monsieur, dit-il, et ma mère ne peut se passer de mon travail.

Le délégué de la préfecture fit un mouvement de surprise.

— Ce que vous dites là, reprit-il, est très méritoire, mais à votre âge, mon petit garçon, on ne dispose pas de soi. Donnez-moi l'adresse de votre mère, j'irai la voir.

Le lendemain, dans la soirée, Joséphin Soulary frappait

à la porte du pauvre logement de la rue des Célestins. C'était après l'heure de la classe, il demanda si le petit Burdeau était rentré.

— Il est à l'atelier, lui répondit la jeune fille qui lui avait ouvert.

— A l'atelier ?

— Oui, monsieur. Tous les jours, en quittant l'école, aussitôt son cartable déposé à la maison et son pain mangé, Auguste va, sans s'asseoir, travailler à la tréfilerie où il a voulu que maman le mît en apprentissage.

— Il est bien petit, bien jeune. On ne le paie pas encore ?

— Pardon, monsieur. On lui donne quelques sous par semaine et il me les rapporte, car c'est moi qui tiens la bourse.

— Et votre mère n'est pas là ?

— Vous ne pouvez la voir que le dimanche, monsieur ; elle part très tôt le matin et rentre très tard le soir, parce qu'elle a de l'ouvrage.

Soulary promena rapidement son regard autour de la chambre : tout y était propre, bien rangé. Pas beaucoup de meubles, à peine le nécessaire, mais époussetés avec soin, et partout des indices d'ordre. La jeune fille avait les yeux intelligents, éveillés, de son frère.

— Vous direz à votre mère qu'elle vienne me trouver demain à la préfecture.

— Et si elle demande qui est venu, monsieur ?

— Vous répondrez que c'est M. Soulary, le délégué aux examens. J'ai besoin de lui parler.

— Est-ce que c'est à cause d'Auguste, monsieur ? On n'est donc plus content de lui à l'école ?

— Au contraire, mademoiselle, on en est enchanté, et vous pouvez vous enorgueillir d'avoir un frère si studieux. Je suis très heureux de savoir qu'il fait son apprentissage. J'ignorais cette particularité qui ajoute à son éloge.

IV

Le dimanche suivant, après sa visite à la préfecture, la pauvre veuve tint un conseil de famille avec M. Passérieu.

— M. Soulary veut faire entrer Auguste au lycée, dit-elle; il a promis de lui faire avoir une bourse d'externe. Je sais bien que c'est une bonne pensée, une proposition généreuse, tout à l'avantage de mon petit garçon; malheureusement je n'ai pas de ressources pour lui faire faire de grandes études.

— La bourse du lycée y suppléera.

— C'est vrai, mais à quoi cela le mènera-t-il d'être savant, de connaître le grec et le latin? Est-ce qu'il ne vaudrait pas mieux le laisser dans notre condition? Son père était ouvrier; pourquoi ne ferait-il pas de même : il n'en rougira point, n'est-ce pas, Auguste?

Les yeux de l'enfant disaient que, tout en ayant le plus grand respect pour la volonté maternelle, il était séduit plus qu'elle par l'offre de M. Soulary.

— Pourvu qu'il gagne honnêtement sa vie, poursuivit la brave femme, ai-je le droit de placer mon ambition plus haut? Combien de fois n'arrive-t-il pas qu'un enfant pauvre, après avoir passé par le lycée, tourne mal?

Elle parlait en mère prudente, ayant l'expérience de la vie réelle; elle nommait un tel, puis encore un tel, pour qui l'on avait fait tous les sacrifices. On s'était ôté le pain de la bouche, et l'on n'avait eu que chagrins et déboires.

Cependant l'opinion de M. Passérieu prévalut.

— Nous devons faire ce que dit M. Soulary, conclut-il.

Auguste ne démentira pas les espérances que nous fondons sur lui. Je sais que nous pouvons avoir confiance en son courage. Il a du cœur, de l'amour-propre, du bon vouloir,

PASSÉRIEU, Mécanicien à la Manufacture des tabacs de Lyon (1833-1885)

(D'après une photographie communiquée par Mme Ve Passérieu)

je puis même dire : de la volonté et de la persévérance. Cela aidant, nous pouvons prévoir que sa conduite au lycée ne sera pas autre qu'à l'école publique, et je me rends garant de ses succès.

Il fut convenu que l'on ne changerait rien à l'état des choses jusqu'à la prochaine rentrée des classes.

— Auguste décidera lui-même de son avenir, avait dit M. Soulary. Je ne mets qu'une condition aux démarches que je veux faire pour lui : c'est que je retrouverai plusieurs fois son nom parmi les lauréats de l'école publique.

L'enfant était certain de pouvoir répondre à cette attente : à la distribution des prix, il fut acclamé et revint chargé de couronnes et de livres. Son chemin était maintenant tracé : il n'avait plus qu'à le suivre sans en dévier.

V

Recommandé par Soulary, par la Société d'instruction primaire du Rhône, par la Société d'éducation de Lyon, il devint, en 1860, boursier externe du lycée, où il entra cette même année le 1er octobre, en 8e préparatoire. Il avait neuf ans.

Le proviseur, M. Alexandre Mouillard, agrégé de grammaire, excellent universitaire, dirigeait depuis plus de dix ans l'établissement important que lui avait confié le ministère de l'Instruction publique. Agé alors de cinquante-cinq ans, il devait à une très longue habitude de l'enseignement cette étude des caractères, qui est d'un secours considérable et presque toujours décisif dans la conduite de l'enfance et de la jeunesse. Lorsque Auguste Burdeau lui fut présenté par sa mère, il la complimenta.

— J'ai déjà, dit-il, de très bons renseignements sur votre petit garçon, et j'espère bien qu'il se rendra digne de la faveur que lui fait le lycée, mais je dois le prévenir qu'il aura à s'y mesurer avec des élèves plus avancés que ceux qu'il a eus jusqu'ici pour camarades. Nos programmes sont plus chargés que ceux de l'école publique, les leçons à apprendre plus nombreuses, les devoirs plus longs et plus difficiles, les bonnes places plus rarement conquises par le même.

Auguste Burdeau ne s'effraya point de ce surcroît de travail. Plusieurs de ses nouveaux condisciples appartenaient à des familles riches ou aisées ; ils avaient sur lui les avantages que la fortune et les milieux offrent dans les grandes villes au développement des jeunes intelligences. Dans le nombre de ses concurrents, il s'en trouvait d'ailleurs qui avaient, comme lui, d'heureuses dispositions et qui, eux aussi, avaient puisé dans les lectures et l'initiative personnelle, des éléments de supériorité. Cela le stimula. On le vit bientôt prendre place sur le banc d'honneur, qu'il ne céda pas souvent à de plus forts.

— Je savais bien, disait M. Passérieu, que je pouvais compter sur toi et prendre un engagement en ton nom ; mais je suis tout content de voir que tu ne te fies pas à ta facilité. Il n'y a pas d'êtres au monde plus dangereux et plus détestables que les esprits superficiels et les demi-savants. Mieux vaut apprendre peu de chose et le savoir à fond que d'embrasser tout sans rien creuser.

Il n'y avait pas à craindre cet écueil avec Burdeau. Il apprenait vite mais bien, et n'aurait jamais bâclé un thème ni escamoté une version. Il eût considéré comme une action déshonnête de recourir aux artifices de collège. C'était, nous dit un de ses anciens rivaux de sixième, un « bûcheur » consciencieux, toujours dispos, rarement fatigué, d'attaque autant que d'aplomb, de repartie fine et quelquefois mordante, rendant fèves pour pois, s'associant volontiers à une espièglerie, et boute-entrain à l'occasion, point morose, d'humeur même joviale, mais quittant le premier tous les jeux, toutes les distractions, dès qu'arrivait l'heure du travail, et alors fermant l'oreille à tous les propos des voisins. Sa règle était déjà qu'on doit être l'esclave du devoir. Là-dessus, il se montrait intraitable, et ceux qui voulaient l'en détourner n'y revenaient pas une seconde fois.

VI

Il y avait à cette époque, en province, un usage qui existe encore dans quelques villes. On donnait des sérénades aux lauréats du lycée. A partir de la distribution des prix en 1861, la rue des Célestins vit chaque année se renouveler ces démonstrations en faveur d'Auguste Burdeau, et sa réputation d'excellent écolier et de bon fils grandit successivement dans le quartier.

En 1861, il a pour professeur, en préparatoire, M. de Finance et remporte :

Le deuxième prix d'excellence,
Le premier prix d'orthographe,
Le premier prix de calcul,
Le deuxième accessit d'analyse,
Le deuxième accessit d'histoire et géographie,
Le troisième accessit de récitation classique.

Ces succès de début lui valent de nombreuses félicitations, mais lui-même n'en est pas satisfait.

— On peut faire mieux, dit-il à sa mère, qui pleurait de contentement.

L'année suivante, en effet, en huitième[1], avec M. Graillot

1. A cette époque les programmes des lycées n'étaient pas les mêmes qu'aujourd'hui; on commençait le latin, en huitième, après Pâques.

pour professeur, il conquiert de haute lutte les toutes premières places :

Premier prix d'excellence,
Premier prix de thème latin,
Premier prix de version latine,
Premier prix d'orthographe et d'analyse,
Deuxième prix d'histoire et géographie,
Premier prix de calcul.

En 1862, trop fort pour la septième, il la saute, et entre en sixième où il doit concourir avec des élèves déjà avancés. Il commence cette classe dans des conditions désavantageuses pour lui; aussi redouble-t-il de zèle et de volonté, et, dès les premiers efforts, il est sûr de son terrain. A Pâques, on récapitule, pour décerner le prix d'excellence, les points obtenus dans les compositions du premier semestre : Burdeau vient en tête. A la fin de l'année, son nom figure neuf fois au palmarès, et son professeur, M. Ballandrin, l'embrasse sur l'estrade en lui mettant sur le front la couronne d'or. Il a :

Le premier prix d'excellence,
Le premier prix de grammaire française,
Le prix de grammaire grecque,
Le deuxième prix de calcul,
Le premier accessit en thème latin,
Le premier accessit en version latine,
Le deuxième accessit d'histoire et géographie,
Le troisième accessit de récitation classique,
Le quatrième prix de travail et de bonne conduite.

En 1863-1864, il fait la cinquième dans la 2e division, qui a pour professeurs M. Rouzé avec M. Quatreveaux, chargé du cours d'anglais. Ses succès, dans cette classe, indiquent qu'il a regagné l'avance qu'avaient sur lui les bons élèves, à son entrée en sixième. Faute de quelques points, le premier prix d'excellence lui échappe, — et ce sera la seule fois dans tout le cours de ses études de lycée — mais il est le deuxième, serrant de près celui qui l'emporte. Ce qui le prouve sans conteste, ce sont ses autres récompenses :

Premier en thème latin,
Deuxième en version latine,
Premier en version grecque,
Premier en grammaire française,
Premier en récitation,
Quatrième en calcul,
Premier accessit en histoire et géographie,
Troisième accessit en anglais,
Troisième prix de travail et bonne conduite.

En 1864-1865, ses progrès s'affirment encore plus brillamment. MM. Letaillandier et Roy, ses professeurs de quatrième, le signalent au proviseur comme un élève tout à fait hors ligne. Il termine cette année avec une moisson de couronnes ; il a dix prix, dont cinq premiers :

Excellence,
Version latine,
Histoire et géographie,
Récitation,
Anglais,
Quatre seconds :
Version grecque,
Thème grec,
Vers latins,
Arithmétique et géométrie,
Plus un troisième prix de travail et bonne conduite.

VII

Ainsi, de classe en classe il se maintenait au premier rang. Une chose le tourmentait toutefois : tandis qu'il s'instruisait, il ne perdait pas de vue sa famille. Ne se dépouillait-elle point pour le laisser étudier? Sa mère, dont le travail était si rude, ne se dévouait-elle pas au delà des forces humaines pour lui plus que pour les autres? Avait-il le droit d'accaparer ces sacrifices? Cette préoccupation le hantait. Il se demandait s'il n'avait pas manqué de conscience en interrompant son apprentissage. Son salaire serait maintenant sérieux, sa paye allègerait ces charges. Cela le tracassait. Mais comment faire? Il ne pouvait songer à déserter le lycée, et il ne le voulait pas : c'eût été répudier le bien que l'on avait fait au petit boursier, se montrer ingrat envers tous ceux qui avaient les yeux sur lui. C'était au mois d'octobre 1865. Il avait quatorze ans et entrait en troisième, où il allait commencer ses humanités.

Un jour il confia cette perplexité de son esprit à un camarade, espérant trouver un bon conseil. Son ami, très réfléchi, ayant d'ailleurs deux années de plus que lui, désapprouva complètement ses idées de travail manuel :

— On ne peut pas courir deux lièvres à la fois, mon cher Burdeau, lui dit-il, le lycée n'est pas l'école primaire. Là, tu avais, après quatre heures, tout ton temps à toi. Ici, il faut prendre même sur les récréations. Tu parles de faire une besogne quelconque qui te rapporterait de l'argent : beau sentiment, mais utopie. Crois-moi, renonce à ce projet : si tu le caresses quelque temps, tu dégringoleras vite du bon rang que tu as. Ce que tu cherches à concilier est impossible.

Le raisonnement était vrai en apparence, mais il ne convainquit point Auguste Burdeau. Il se dit qu'il avait dès ce moment une valeur relativement utilisable.

— J'ai fini mes classes de grammaire, pensa-t-il, je suis assez fort pour donner des leçons aux tout jeunes qui commencent la huitième ou la septième. J'ai été moniteur à l'école, pourquoi ne serais-je pas répétiteur d'externes au lycée? On me paiera peu, c'est certain, mais cela viendra en aide à ma mère. J'y emploierai mes heures de récréation. Pourquoi jouerais-je quand ma mère travaille?

Il mûrit son projet, puis, un beau jour, le réalisa. Ses professeurs de troisième, MM. Froment, Berliaux, Mathel, East, le secondèrent dans cette entreprise. Quelques parents, sur leurs recommandations et celles de leurs collègues de huitième, de septième et même de sixième, l'acceptèrent comme assistant de leurs enfants. Peu à peu il se fit une clientèle. Il était sérieux, exact, faisait faire des progrès à ses petits élèves. Qui pouvait refuser la sympathie à ce jeune écolier improvisé maître par sa volonté, et s'acquittant de son rôle à la satisfaction de tous? Avant la fin de l'année il eut ainsi un millier de francs de revenus.

— Tu es un bon fils, lui disait sa mère en le serrant sur son cœur.

Il répondait :

— Tout ce que je suis, tout ce que je voudrais être, n'est-ce pas à toi que je le dois?

VIII

Il disait vrai, et le sentait profondément.

— « La vie des parents, écrivit-il dans la suite, lorsqu'il fut devenu homme, est souvent pénible et toujours laborieuse. Presque toute la peine qu'ils prennent, c'est pour assurer à leurs enfants le pain et les autres choses nécessaires. Leur sollicitude ne peut venir que d'une grande affection et, celle-ci, les enfants doivent la payer de retour. »

Ce devoir, le jeune lycéen de quatorze ans l'accomplissait déjà avec bonheur, commençant de cette manière à pratiquer ces préceptes dont il devait un jour montrer lui-même à l'enfance l'impérieuse obligation.

Dans les petits livres qu'il a écrits pour la jeunesse de nos écoles, on sent qu'il a mis toute son âme, tout son cœur. Nous en détachons les jolies maximes suivantes qui le peignent tout entier :

Le savoir rend seul l'homme indépendant et maître de lui-même.

Le plus grand malheur de l'ignorant, c'est de ne pas connaître combien son état est misérable.

Le savoir est estimable parce qu'il nous rend l'honnêteté plus facile.

Au-dessus de toutes les connaissances nous devons placer la connaissance du bien et des moyens d'y arriver.

Socrate avait raison de dire : « Il y a quelque chose de plus nécessaire à l'homme que le pain et le vêtement : c'est l'instruction morale. »

La famille est l'école où l'on apprend la pratique de tous les devoirs.

En se conduisant bien avec ses père et mère, on apprend à se bien conduire avec ses supérieurs.

En se conduisant bien avec ses frères et sœurs, on apprend à se bien conduire avec ses égaux.

Les enfants respectueux envers leur père font les citoyens vertueux envers les lois.

L'enfant qui aura bien aimé sa mère saura bien aimer sa patrie[1].

Nous verrons, au cours de sa vie, que ces maximes, dictées plus tard par lui, et dont il s'inspirait déjà alors, furent ce que l'on pourrait appeler les résolutions préconçues et les lois préétablies de son existence privée et publique. Il n'a eu pour les formuler qu'à se souvenir de ses propres actes, de ces temps où il mettait toute son ambition d'enfant à reconnaître, à payer les soins de sa mère, à la rendre heureuse, en méritant devant elle les éloges de ses maîtres et des autres personnes.

1. *Manuel d'Éducation morale*, A. Picard et Kaan, éditeurs.

IX

Les craintes qu'avait eues son camarade de quatrième, en le voyant persévérer dans sa décision de donner des leçons, auraient été fondées s'il s'était agi de tout autre élève qu'Auguste Burdeau. Tout en allant d'une répétition à l'autre, dans ses heures de liberté entre les classes, il trouvait le moyen d'étudier pour lui-même : aucun de ses propres devoirs n'était en retard, et quand arrivaient les compositions, ses rivaux, qui comptaient le surprendre en défaut de préparation, se voyaient battus dans toutes les rencontres aussi complètement qu'autrefois. Cette année, où en dépit de l'opinion de son ami : « il courut fort bien deux lièvres à fois », s'acheva victorieusement :

Premier prix d'excellence,
Premier en version latine,
Premier en thème latin,
Premier en version grecque,
Premier en vers latin,
Premier en histoire et géographie,
Premier en récitation,
Deuxième accessit en mathématiques,
Premier accessit en anglais,
Troisième prix de travail et bonne conduite.

Au concours académique il remporta un deuxième prix.

En 1866-1867, nous le trouvons en seconde où il a pour professeurs MM. Vignon, Berliaux et Lorenti. Il donne toujours des répétitions, sans rien perdre de ses succès d'élève. Ses triomphes ont le même éclat :

Premier prix d'excellence,
Premier prix de composition latine,
Premier prix de version latine,
Premier prix de version grecque,
Premier prix de vers latins,
Premier prix de travail et bonne conduite,
Deuxième accessit de récitation,
Troisième accessit en mathématiques,
Premier accessit en histoire naturelle.

Il est nommé au concours académique.

Auguste Burdeau bénéficia de la grande révolution opérée par Victor Duruy dans l'enseignement secondaire.

Avant 1865, on n'enseignait pas l'histoire contemporaine dans les lycées; on n'y lisait aux élèves ni Augustin Thierry, ni Michelet pendant les moments de repos, entre une dictée de thème et une correction de version; en outre, il n'y avait pas de bibliothèques scolaires pour les externes. Cette dernière création fut accueillie avec des transports de joie par Burdeau. Bien des livres, en effet, lui étaient inabordables à cause de leur prix trop élevé. Il ne parvenait pas toujours à se les faire prêter, et il y avait de cette manière, dans l'acquisition de ses connaissances en dehors des leçons, bien des lacunes que sans la bibliothèque du lycée il n'aurait pu combler. Aucun lycéen de son temps ne s'adressa plus souvent au bibliothécaire, aucun ne lut plus sincèrement les volumes qu'il empruntait.

Non loin du lycée, sur le quai de la Charité, se trouvait une librairie où tous les classiques d'occasion étaient en vente. La bourse de Burdeau était le plus souvent vide, il ne pouvait s'offrir les livres qui lui étaient pourtant si nécessaires ; aussi se contentait-il de les parcourir. Mais le libraire, qui était un brave homme, voyant dans son petit client fidèle le plus grand désir de s'instruire et devinant la pénurie de son gousset, lui permettait de venir chaque jour apprendre ses leçons sur place sans faire la dépense du bouquin.

Que de fois Burdeau, se rappelant ce bienfait parmi tant d'autres, se plut-il à nous en parler !

L'introduction des exercices gymnastiques et des manœuvres dans les programmes le rendit aussi très heureux. Il aimait le mouvement, et ses souvenirs le reportaient quelquefois, avec une certaine nostalgie, aux jours de sa première enfance où il errait à travers champs et bois, ou bien aux belles et libres promenades qu'il faisait avec Pierre Dupont. Il applaudit, lorsque le proviseur, accompagné du censeur, vint annoncer aux élèves de seconde qu'ils allaient obligatoirement grimper aux cordes, faire des barres parallèles, du trapèze, marquer le pas, se déployer en colonnes, se préparer à être soldats, si, un jour, lorsqu'ils auraient l'âge de servir la patrie, elle faisait appel à eux.

Lorsque, à seize ans, en 1867, il entra en rhétorique, son caractère était nettement prononcé, et la vie réelle, qu'il connaissait bien aux privations dont il était sans cesse entouré, en accentuait les traits. L'enjouement en faisait encore le fond, mais la virilité s'y manifestait déjà d'une manière frappante. Réfléchi, il envisageait l'horizon. Après l'âge des études allait venir celui du travail et de la lutte pour la vie, et déjà son esprit positif s'occupait du choix d'une carrière.

— Mon tour d'être le gagne-pain de la famille sera bientôt arrivé, disait-il à sa mère. Alors tu te reposeras. Je ne tarderai pas à pouvoir donner des leçons mieux payées, qui te permettront, après tant de peine et de dévouement, de compter sur moi.

X

Il avait pour professeur de rhétorique M. Chalamet, qui est aujourd'hui vice-président du Sénat, et qui, à cette

A. CHALAMET

Professeur de Rhétorique au lycée de Lyon de 1867 à 1876
aujourd'hui, vice-président du Sénat

époque, tout en dirigeant admirablement sa classe, s'occupait à la fois d'enseignement et de littérature.

M. Chalamet, maintenant un vieillard, était alors, à

quarante-cinq ans, dans toute la vigueur de l'âge. Éloquent, il captivait ses élèves. Quoiqu'on fût sous l'Empire et dans la période où, malgré la fameuse lettre impériale du 19 janvier 1867 contenant des promesses libérales, la réaction dominait encore partout, il appartenait à ce parti avancé qui devint la gauche parlementaire. Ses opinions, que les rhétoriciens connaissaient, se reflétaient dans les idées de la plupart d'entre eux. Burdeau, le meilleur de tous et aussi l'un des plus ardents, retrouvait avec lui ce « goût de la République, » formé par Pierre Dupont.

On eût dit que le professeur et le jeune homme, sollicités l'un vers l'autre par la sympathie des convictions, pressentaient en quelque sorte qu'un jour ils auraient tous deux une part active aux discussions politiques, défendraient la même cause et siègeraient dans les mêmes Congrès. Cependant ils auraient été singulièrement surpris si, à ce moment, l'avenir s'était dévoilé à leurs yeux et si quelque voix mystérieuse leur avait dit quelles hautes destinées planaient sur eux.

Toujours est-il que l'influence de M. Chalamet agit considérablement sur l'esprit de Burdeau, sur l'expression et le tour de sa pensée. Ce fut pour l'élève un bonheur d'être initié aux procédés de l'éloquence par un maître aussi distingué, d'apprendre à d'aussi chaleureuses et entraînantes leçons l'ordonnance d'un discours, l'art de le nourrir de faits et de l'enrichir d'images, de le conduire, suivant les sujets à discuter, avec sobriété ou avec ampleur, avec énergie ou avec habileté.

Les deux autres professeurs que Burdeau eut en rhétorique, MM. Gerboy et Bonnel jeune, secondèrent cette excellente direction. Cédant à leurs conseils, il se prépara, cette même année, au baccalauréat, et, quoiqu'il lui en coutât beaucoup de se séparer de sa famille, il accueillit avec reconnaissance la proposition que lui fit le proviseur de devenir interne, pour bénéficier d'une bourse vacante.

Ce qui le décida surtout à accepter cette offre, c'était la diminution de charges qui en résulterait immédiatement pour sa mère, car il avait cette pensée constante et il aurait voulu ne rien lui coûter.

En rhétorique, Auguste Burdeau eut :

Le premier prix d'excellence,
Le premier prix de discours latin,
Le premier prix de version latine,
Le prix de l'Association,
Le premier prix de vers latins,
Le cinquième accessit d'histoire,
Le septième accessit de géométrie,
Le sixième accessit de récitation,
Le premier prix de travail et de tenue.

Il fut nommé deux fois au concours académique.

XI

A la rentrée d'octobre 1868, il a dix-sept ans, il entre en philosophie. Ses professeurs sont MM. Repelin, Gerboy, Bonnel jeune et Voigt. Il obtient :

Le premier prix d'excellence,
Le premier prix de dissertation française,
Le premier prix de dissertation latine,
Le deuxième prix d'histoire,
Le premier prix de physique et de chimie,

Il est le premier au concours académique, et sa dissertation française sur le langage remporte le deuxième prix au Concours général.

Il a terminé ses études classiques. Son rêve est accompli; le petit garçon qui à Cluny ne voulait pas aller à l'école, s'est transfiguré en un jeune homme instruit, estimé, devant qui s'ouvre la mêlée de la vie; il ne craint plus de s'y jeter, il sait qu'il y fera sa trouée, et dès demain il délibérera avec sa mère, avec M. Passérieu, avec ceux dont il aime à prendre l'avis, sur l'état qu'il embrassera.

Un événement auquel il ne s'attendait point vint ajourner ce projet. On lisait les palmarès du lycée de Lyon ailleurs que dans le département du Rhône. Les succès de ce lauréat dont le nom reparaissait si brillamment et toujours avec les mêmes victoires, éclatantes et nombreuses, depuis neuf ans, présageaient un futur prix d'honneur du Grand Concours. Le collège de Sainte-Barbe écrivit au lauréat lyonnais pour lui proposer de *redoubler* sa *philosophie* qu'il ferait à Louis-le-Grand. On lui offrait la pension gratuite, et on lui faisait entrevoir, comme une certitude, son entrée à l'École normale.

Il réfléchit et refusa : quitter Lyon, c'était perdre ses leçons particulières, compromettre le sort des siens.

Mais Sainte-Barbe insista.

— Votre mère et votre famille n'auront pas à souffrir de votre départ, lui dit-on, nous y pourvoirons.

Il faut, pour le déterminer à accepter, que sa mère et ses amis interviennent avec autorité.

— Vous vous devez à votre avenir, lui répétèrent-ils, vous n'avez pas le droit de briser les espérances de tous ceux qui ont confiance en vous.

Le devoir était sa loi suprême : il obéit.

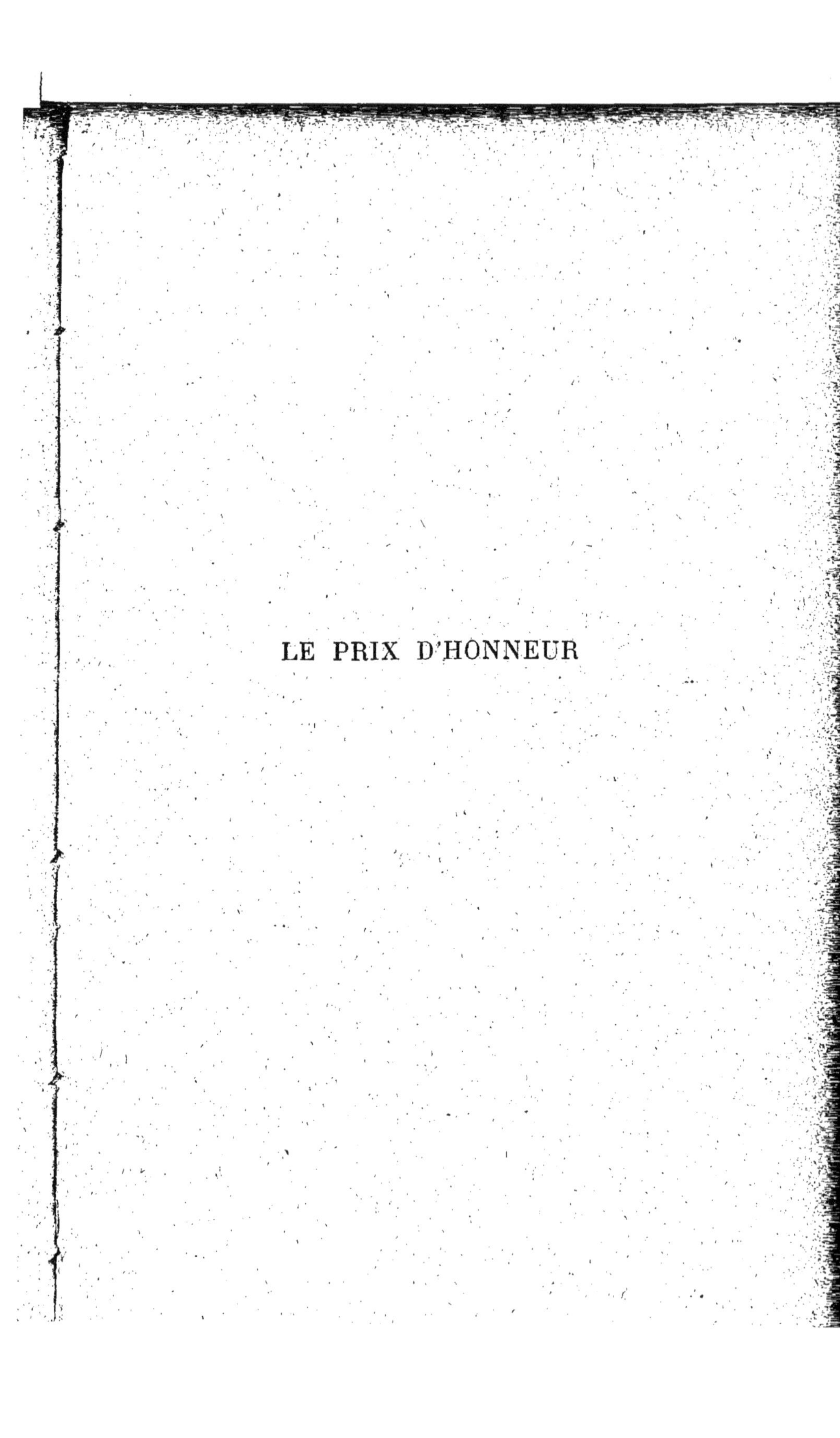

LE PRIX D'HONNEUR

CHAPITRE III

LE PRIX D'HONNEUR

I

Les circonstances le favorisaient encore plus qu'on n'en avait eu l'augure. Le collège Sainte-Barbe, en l'accueillant avec une bienveillance toute particulière, allait continuer à son élève adoptif cette éducation familiale à laquelle il devait déjà le meilleur de lui-même. Dans la vieille maison du Panthéon il profiterait non seulement des leçons de l'intérieur, mais aussi de celles de Louis-le-Grand, où les barbistes font leurs classes en qualité d'externes. Ce dernier privilège ne pouvait toutefois lui être accordé que s'il était à la tête de sa division, dans ce premier dixième qui en composait l'élite. Il se rendit, dès le début, digne de cette distinction, et put ainsi se préparer à disputer la palme aux plus brillants lauréats de l'Université.

Sainte-Barbe, quand Auguste Burdeau y entra, en 1869, avait pour directeur M. Louis Dubief, ancien chef de cabinet du ministre de l'Instruction publique, puis inspecteur de l'Académie de Paris et délégué à la Préfecture de la Seine pour la surveillance des écoles primaires et municipales. Docteur ès lettres, licencié en droit, M. Dubief avait lui-même fait avec succès toutes ses études à Sainte-Barbe et à Louis-le-Grand, où il avait été cité parmi les lauréats des Concours généraux. Membre du Conseil d'administration de l'institution depuis 1864, ses collègues l'avaient placé à leur tête en 1866, en lui donnant la grande majorité de leurs suffrages. Héritier des sentiments et des traditions barbistes, il possédait, comme ses deux illustres prédécesseurs, Victor de Lanneau et Labrouste, cette fermeté unie à la douceur, qui le faisait, au même titre qu'eux, chérir de ses élèves comme un père plein de tendresse, et de ses collaborateurs comme le plus dévoué des frères.

De même que Victor de Lanneau, il savait discerner avec une admirable perspicacité l'état d'âme des jeunes gens confiés à sa sollicitude : il était l'excellent instituteur, l'homme probe, *vir probus discendique peritus*, qui pouvait donner à tous l'exemple du devoir et du savoir. De même que Labrouste, il avait dans le regard, dans l'abord et le langage, cette affabilité toujours sereine qui dictait le respect et l'attachement aux jeunes gens placés sous sa tutelle. A ses côtés, animés du même zèle, deux anciens barbistes, M. Molliard, agrégé des classes supérieures, et M. Lamarre, docteur ès lettres, étaient ses lieutenants, le premier comme préfet des études, le second comme sous-préfet.

Sainte-Barbe comptait alors environ 550 élèves dont 200 suivaient les cours de Louis-le-Grand et représentaient le Collège dans les concours universitaires; c'était la garde d'honneur. Les philosophes, vétérans et nouveaux, y étaient au premier rang et en tête de tous, le jeune Auguste-Laurent Burdeau, l'enfant du peuple, le fils du modeste ouvrier lyonnais.

A Sainte-Barbe même, Burdeau eut pour maîtres de conférences de la préparation à l'École normale MM. Vacherot et E. Despois, le premier comme professeur de philosophie, le second comme professeur de latin. L'influence de Despois sur Burdeau fut considérable au point de vue des

LOUIS DUBIEF
Directeur de Sainte-Barbe
(D'après un portrait communiqué par Mme Vve Dubief)

tendances démocratiques et sociales. Despois, qui avait refusé de prêter serment à l'Empire et que Sainte-Barbe avait recueilli, fut toute sa vie le modèle de la probité, de l'abnégation civique, du dévouement à la patrie, de la foi républicaine. Et c'est sans aucun doute à son enseignement que Burdeau a puisé une partie de ses qualités.

Le lycée Louis-le-Grand était accoutumé aux triomphes. Depuis trois ans il l'emportait sur Charlemagne et Bonaparte. En 1867, il avait conquis le prix d'honneur de philosophie avec René Millet, en 1868 avec Grégoire Devoisins, en 1869 avec Jean Marie Krantz. Il allait en 1870, faire entrer en ligne, parmi les nouveaux concurrents, d'autres champions armés pour la victoire. Son proviseur était M. Julien Girard, ancien lauréat de rhétorique et ancien élève de l'École normale où il avait professé comme maître de conférences de littérature latine. Universitaire jusqu'aux moelles, défendant avec fougue les traditions classiques contre les novateurs de l'enseignement secondaire, menant son lycée militairement comme l'avait fait M. Didier, son prédécesseur, ne permettant à aucun élève de broncher, il était aimé quoique craint, tous sachant qu'avec lui on marchait droit au succès.

II

La classe de philosophie de Louis-le-Grand avait, cette année-là, les plus belles et les plus légitimes espérances. Le professeur qui la dirigeait, M. Émile Charles, inaugurait son cours. Il venait de quitter le provisorat de Douai, où il n'avait laissé que d'excellents souvenirs et d'unanimes regrets. Docteur ès lettres depuis 1861, il s'était fait remarquer de ses collègues et des érudits, en France et à l'étranger, par sa thèse sur Roger Bacon dont les documents inédits avaient une valeur importante. Aussi capable d'enseigner que d'administrer, il possédait toutes les qualités et la compétence pour conduire sûrement, avec tact, les intelligences et les caractères que M. J. Girard lui mettait dans la main. On pouvait se reposer sur lui pour maintenir haut et ferme le drapeau du lycée.

Auguste Burdeau avait pour condisciples en philosophie à Louis-le-Grand, plusieurs rivaux dont les noms avaient déjà, comme le sien, figuré avec honneur dans les joutes scolaires : Gasquet, Cavaignac, Dareste, Dubois de l'Estang, Debors, Joliot, Saint-René Taillandier, de Ferrari, Salmon, Brossier, Albert Laurent, Roger Dupaisse, Lavollée, Mauchez, Brunetière, Prevet, Demanche, Wast, Paul Chevallier, Raldo de Valory, André Déroulède, frère de Paul, tous formant un groupe serré et laissant entre eux peu d'intervalles.

Les trois premiers étaient Cavaignac, Burdeau et Ferrari, fils du célèbre financier de Galliéra.

Cavaignac avait parmi tous un très grand prestige dû à son nom surtout. Froid, triste, taciturne, mince, voûté, il ne se liait guère. Sa timidité y était pour beaucoup. Fils du général Eugène Cavaignac qui fut chef du pouvoir exécutif en 1848, il avait d'abord fait ses études à Charlemagne et, au Concours général de 1867, il avait obtenu le prix de version grecque. Ce timide était pour les lycéens un héros, depuis qu'il avait, à la distribution des prix de ce même concours, refusé de recevoir son prix des mains du prince impérial. Le scandale avait été d'autant plus retentissant que l'incident était prévu. Le lycée Charlemagne s'était vu obligé de fermer ses portes à son jeune lauréat. Louis-le-Grand lui avait aussitôt ouvert les siennes.

Ferrari était aussi très populaire parmi ses condisciples, parce que les jours de punition générale il obtenait régulièrement l'amnistie, grâce au discours qu'il adressait au professeur dans la langue d'Homère et qu'il improvisait.

Aucun de ses camarades, quoique tous très ferrés sur le grec, ne se sentait de cette force.

Les leçons de philosophie de M. Émile Charles étaient suivies avec la plus grande attention. On subissait en cela l'influence de Burdeau, dont le naturel gai, tout en dehors, plaisait et stimulait l'entrain. Sa supériorité lui donnait non seulement de l'ascendant sur les autres, mais le rendait sympathique aux professeurs avec lesquels il entamait volontiers (on le laissait faire), des conversations à haute voix. Ces dialogues s'établissaient surtout avec le professeur d'histoire, M. Pigeonneau, que les élèves adoraient autant pour la hardiesse de ses idées que pour l'éloquence de sa parole, et Burdeau était toujours à l'unisson de cette fougue.

III

Les événements politiques qui enfiévraient Paris avaient de bruyants échos dans les préaux de Sainte-Barbe et de Louis-le-Grand. Le patriotisme y était le thème ordinaire des entretiens. On s'enthousiasmait, s'enflammait. Un *sursum* excitait les cœurs. Les sentiments, ardents, bouillonnants, ne se traduisaient pas seulement dans les regards et les gestes, mais dans les paroles. Ils se retrouvaient dans les compositions et les dissertations. Le professeur s'associait à ces élans de la jeunesse. Souvent, sans préméditation, la classe, commencée avec calme, se transformait en forum houleux; la chaire, surtout quand elle était occupée par M. Pigeonneau, devenait presque une tribune. Alors les élèves n'entendaient plus une simple leçon de philosophie ou d'histoire, mais une exhortation aux devoirs qui réclament, à certaines heures, le sacrifice de la vie. On sentait passer le vent de la tempête, on avait la conscience de ce que serait peut-être le lendemain, on frémissait, et la gravité se peignait sur toutes les physionomies.

HENRI PIGEONNEAU,
Professeur d'histoire au lycée Louis-le-Grand.
(D'après un portrait communiqué par Mme Vve H. Pigeonneau.)

Au milieu de ces agitations, la date du Grand Concours approchait. On était à la veille de la tourmente. Le 13 juillet, au moment de l'entrée en lutte des lycéens, s'ouvraient à la Chambre des débats passionnés. On ne discutait à vrai dire que le budget de l'Instruction publique, mais l'orage s'amoncelait, et déjà on l'entendait gronder. M. Mège, qui était alors le grand-maître de l'Université, défendait mal, en dépit de l'égide autoritaire du président Schneider, les institutions croulantes de l'Empire. Eugène Pelletan réclamait l'instruction gratuite et obligatoire universelle : « La nourriture intellectuelle, s'écriait-il, est la première condition de l'existence de l'enfant »; puis, dans son langage véhément, il ajoutait : « Mutiler physiquement un enfant, c'est un crime; mutiler son intelligence, en ne lui apprenant pas à lire et à écrire c'est, au point de vue moral, un attentat ».

On délibérait encore, sans voir s'étendre sur Paris l'ombre de Bismarck, sans entendre ceux qui signalaient déjà aux portes de la capitale les espions prussiens; mais on avait comme une appréhension de quelque chose d'imminent et de terrible.

Le surlendemain, dans la fameuse séance du 15 juillet, la majorité bonapartiste affolée votait, comme le dit Eugène Pelletan, « sans la discuter, la loi qui prodiguait le sang et les trésors de la France, » et Gambetta, jetant au milieu des clameurs son tonnerre, prononçait la parole qui aurait dû retentir dans toutes les âmes : « La force morale est tout dans le monde ».

A Sainte-Barbe cette parole fut recueillie en tressaillant. Les lycéens, les barbistes surtout, n'attendaient plus que le moment où la guerre avec la Prusse serait déclarée, où l'on battrait le tambour dans toutes les rues, sur toutes les places, où, pour peu qu'ils eussent de dix-huit à vingt ans, ils iraient inscrire leurs noms sur les listes d'enrôlement aux mairies, et, à côté des Saint-Cyriens, prendre le sac et le fusil pour courir des premiers à la frontière.

Le 19 juillet, M. Lesourd, notre chargé d'affaires à

Berlin, remettait au gouvernement du roi Guillaume la note par laquelle l'Empire annonçait à la Prusse qu'il renonçait à toute entente avec elle et que la parole était au canon. Le lendemain la guerre était ouverte.

EUGÈNE PELLETAN
Publiciste et Député

Dans la classe de philosophie de Louis-le-Grand, le professeur Pigeonneau était en chaire, sombre, muet. Un grand silence régnait parmi les élèves.

Burdeau le rompit enfin :

— Eh bien ! monsieur, dit-il, en fixant les yeux avec

angoisse sur le maître, comme s'il avait interrogé un oracle, nous serons vainqueurs, n'est-ce pas?

— Non! répondit Pigeonneau d'une voix farouche.

Et aussitôt il commença son cours. C'était une leçon sur l'expédition du Mexique. Quand il eut exposé les faits, dans leur vérité accablante pour l'Empire, il termina par ces paroles :

— Et voilà comment notre pays se préparait; tandis qu'un formidable ennemi travaillait, lui, depuis plus d'un demi-siècle à la revanche d'Iéna... Messieurs... que Dieu sauve la France!...

Ce fut une stupeur; un frisson passa sur tous les visages. Burdeau voulut répondre; sa phrase resta glacée sur ses lèvres, des larmes tremblèrent dans ses yeux : il y avait dans l'accent fatidique du professeur une si douloureuse assurance, que tout espoir se brisa pour ceux qui croyaient en lui.

IV

Cependant, calmes autant qu'impatients, les élèves de philosophie de Louis-le-Grand se rendirent, le jour suivant, au Concours général.

Par une coïncidence singulière, mais évidemment fortuite, la question de dissertation française portait sur les causes finales, c'est-à-dire sur les motifs et les mobiles mystérieux qui concourent à l'accomplissement des destinées. Un frémissement accueillit la lecture de ce sujet. La pensée philosophique fit soudainement et pendant quelques instants place exclusive à la pensée patriotique; dans les regards de ces jeunes Français, l'élite de leur génération, réunis là pour un combat pacifique, quand, à la frontière, commençait le combat sanglant, se lisait une autre interrogation, et celle-ci était poignante : dans cette guerre souverainement imprudente, aussi peu justifiée, « faite par une résolution de parti », comme le disait M. Thiers, « d'un

A. THIERS

cœur léger », comme le déclarait sans équivoque Émile Ollivier, quelle allait être la destinée de la France ?

Le sujet d'histoire était fait également pour réveiller l'amour de la patrie : on demandait d'indiquer dans quelles circonstances avaient eu lieu les conquêtes et l'établissement des Français en Algérie, depuis la prise d'Alger jusqu'à l'expédition de la Grande Kabylie en 1857. C'était une évocation de nos plus glorieux souvenirs militaires, des champs de bataille, des rencontres héroïques, de toutes ces figures et ces âmes valeureuses qui avaient représenté et illustré la France dans ce drame inoubliable. Et tandis qu'on dictait la question, les élèves songeaient au drame ouvert à ce même moment et dont les péripéties et le dénouement appartenaient encore à l'inconnu.

La dissertation latine devait développer et préciser le sens du célèbre enthymème de Descartes : « Je pense, donc je suis. » Proposition qui en toute autre circonstance n'aurait point eu de signification d'actualité, mais problème étrangement suggestif en cet instant où les passions se déchaînaient avec les haines, et lorsque la mitraille allait pour de longs mois sans doute être la raison suprême des États et des peuples. Combien de milliers d'êtres pensants, d'hommes pleins de force et d'esprit, n'allait-on pas voir succomber et joncher de leurs corps affreusement mutilés les chemins qui menaient de Paris à Berlin? Était-ce donc pour expirer dans quelque fossé ou quelque hallier, la poitrine trouée par une balle, les membres broyés par un boulet, que tant de Français intelligents s'étaient éclairés aux lumières de la philosophie, qu'au nom de la pensée plusieurs générations affirmaient leur existence et avaient cru aux illusions humanitaires?

V

Toutes ces réflexions ne pouvaient manquer de traverser l'esprit des élèves de philosophie admis en 1870 au Grand Concours. Quoique le collège les séparât encore de la vie active, ils avaient tous l'âge où l'on entrevoit avec un certain enthousiasme le rôle qu'on aura à remplir; leurs yeux étaient assez ouverts pour considérer la lugubre aurore qui se levait, noire de brume, rouge de sang, sur la France; ils étaient la jeunesse, qui allait arriver sur les champs de bataille de la science, de la société, tout d'abord sur ceux de la guerre, et en qui le pays mettrait sa foi, attendant son salut de leur effort. Et ils apparaîtraient demain dans la lutte, à l'une des heures les plus tragiques de l'histoire nationale, peut-être au milieu des lassitudes, des découragements, des pleurs et des désastres. Aristocratie intellectuelle, comme on les a si exactement nommés, de leur énergie morale, après que le sort aurait prononcé sur l'issue de cette guerre, allait dépendre le relèvement de tous les courages. Or, beaucoup d'entre eux, instruits, clairvoyants, en savaient assez pour ne pas douter des influences fatales exercées depuis tant d'années par le Second Empire, et pour ne pas se tromper sur les effets inéluctables de ces causes qui avaient tout énervé et ébranlé, âmes et institutions, en dissolvant tous les faisceaux de la force sociale.

Pour se soustraire à ces préoccupations, au spectacle de ces réalités, pour être tout entier à la composition de dissertation ou d'histoire, et faire taire son cœur et ses pensées, ou en suspendre les élans, dans cette circonstance qui les entraînait ailleurs, il fallait avoir déjà sur soi beaucoup d'empire, être absolument maître de ses idées et de son sang-froid, afin de ne pas laisser tomber de sa plume les phrases que l'indignation ou l'angoisse causée par les événements faisaient vibrer sur les lèvres. Jamais le Concours général ne s'était fait avec de telles émotions et n'avait réclamé tant de fermeté d'esprit. Aussi les résultats en étaient-ils attendus par les barbistes et leurs rivaux avec l'agitation la plus fébrile.

VI

La distribution des prix du Grand Concours devait avoir lieu le 8 août à la Sorbonne, dans les conditions de solennité accoutumée, mais les événements en décidèrent autrement. Entre la date de la remise des compositions et celle de la proclamation des lauréats le canon avait tonné. On s'était battu à Reichshoffen, et, malgré la glorieuse charge de nos cuirassiers, la journée de Wœrth avait été désastreuse pour nos armes. L'année terrible commençait à marquer ses dates néfastes. Pour la première fois depuis la fondation de la nouvelle Université de France, c'est-à-dire depuis soixante-cinq ans, le deuil de la patrie fit fermer le temple de la paix et de la science où se célèbrent les fêtes et les victoires des écoles. Le résultat du Concours général de 1870 ne fut pas proclamé en séance publique, on se borna à l'insérer au *Journal Officiel*, à la date du 10 août. Les batailles de Frœschwiller et de Forbach avaient eu leur contre-coup à Paris où le ministère Ollivier tombait sous le mépris public.

Louis-le-Grand triomphait pour la quatrième fois. Il remportait dans la classe de philosophie trente-quatre nominations sur cinquante et une.

En dissertation française :

Premier prix (nouveaux), Auguste-Laurent Burdeau;
Deuxième prix (vétérans), Gasquet.
Premier accessit : Dubois de Lestang,
Deuxième, Debors,
Quatrième, Joliot,

Sixième, Saint-René Taillandier,
Septième, Dareste,
Huitième, de Ferrari.

En dissertation latine : Premier prix : Dareste;
Premier accessit, Cavaignac,
Deuxième, Gasquet,
Troisième, Brossier,
Cinquième, Brunel,
Septième, Burdeau.

En histoire : Deuxième accessit : Salmon,
Sixième, Burdeau,
Huitième, de Ferrari.

En mathématiques : Deuxième prix, Escarro;
Deuxième accessit, Joliot,
Cinquième, Dareste.

En physique : Deuxième prix : Dareste;
Deuxième accessit : Burdeau;
Troisième accessit : Cavaignac.

Parmi les autres lauréats de cette année figurent :

Casimir-Périer, élève du lycée Bonaparte, qui obtient le deuxième prix de version latine et le troisième accessit de physique en mathématiques élémentaires;

Paul Bourget, élève de Louis-le-Grand (deuxième prix de discours latin en rhétorique);

Joseph Montet, élève de Louis-le-Grand (deuxième prix de vers latins en rhétorique);

Dehault de Pressensé, élève de Bonaparte (premier prix d'histoire en rhétorique).

VII

Deux événements cruels attristaient en ce moment le cœur de Burdeau : il avait reçu de Lyon la nouvelle douloureuse de la mort de Pierre Dupont, qui venait de succomber, le 24 juillet 1870, au chagrin encore plus qu'à la maladie. Le poète, presque oublié de ses contemporains, s'était retiré à Saint-Étienne où l'affection de sa sœur ne pouvait effacer le souvenir de la jeune femme qu'il avait perdue quelques années auparavant et qui fut la compagne dévouée de ses jours remplis d'amertume.

Une autre mort impressionnait dans le même temps d'une manière pénible toute la jeunesse française et surtout Auguste Burdeau : c'était celle de Prévost-Paradol, qui se dérobait par le suicide au spectacle des malheurs de la France.

Sceptique comme toute sa génération, Prévost-Paradol, dont la renommée avait été si soudainement conquise, dont le talent était si brillant et si précoce, ce normalien, qui avait marqué avec tant d'éclat sa place à ce qu'il appelait le grand festin intellectuel de la vie parisienne, s'était tué, par dégoût de vivre sous un régime odieux dont nul mieux que lui ne sentait le poids.

Né à Paris, le 8 juillet 1829, élève du collège Bourbon, premier prix de discours français au Concours général de 1848, prix d'honneur de philosophie en 1849, camarade de collège de M. Taine, dont il fut le premier partisan, admis hors tour à l'École normale, il avait, à vingt-deux ans, obtenu le prix d'éloquence à l'Académie française avec son *Éloge de Bernardin de Saint-Pierre*. Docteur ès lettres à vingt-six ans, professeur de littérature française la même année, à la Faculté d'Aix, où son succès avait été prodigieux, le *Journal des Débats* l'avait attiré à lui, et il était

PRÉVOST-PARADOL

Publiciste

devenu d'emblée, par le libéralisme de ses idées, le plus en vue des journalistes.

Frondeur, ironique, mordant, adversaire redoutable du pouvoir, d'autant plus à craindre que ses traits acérés s'enveloppaient toujours de la forme la plus courtoise, Rochefort des salons comme on le désignait volontiers, successeur d'Ampère à l'Académie française en 1865, à trente-cinq ans, il avait, battant sans cesse l'Empire et l'absolutisme en brèche, résumé ses idées politiques dans ce volume de *la France nouvelle*, qui fut l'événement le plus sensationnel de 1868, et dont toutes les pages étaient dans la mémoire de la jeunesse en 1870.

Ne cachant pas ses hautes ambitions, ayant plus que personne le droit d'en avoir, voulant être à tout prix quelque chose dans la politique et servir son pays, mais ne parvenant pas à arriver au Corps législatif, il avait, abdiquant une partie de son intransigeance, accueilli les avances que lui fit l'Empire libéral.

Lié ainsi au sort d'un gouvernement qui semblait, dit un de ceux qui l'ont le mieux apprécié, n'avoir éveillé toutes ses espérances que pour lui faire savourer toutes les déceptions, il avait vu le ministère constitutionnel, auquel il avait cru, descendre au rôle de favori, et, jeté fatalement dans une contradiction écœurante avec ses antécédents, cette pensée, qui l'obsédait comme un chagrin et lui serrait affreusement le cœur, l'avait poussé à un acte de désespoir.

VIII

Qu'on se figure l'écho lugubre que dut avoir dans l'âme de la génération de 1870 cette résolution inattendue pour tous, exécutée avec une sorte de calme stoïque, quoiqu'elle ne fût qu'un coup de folie.

Celui qui paraissait le mieux armé pour la lutte, s'affaissait sur lui-même quand le combat allait commencer, et désertait, en se tuant, le poste où l'aurait élevé sans aucun doute la patrie appelant au secours toutes les énergies.

Tous les grands devoirs — et qui devait les connaître mieux que cet esprit philosophique si étonnamment doué? — n'avaient plus eu de sens pour sa raison trahie; et comme ces cœurs blessés qui, suivant son expression, se révoltent mais ne peuvent plus se redresser après les secousses, pesant entre ses mains la mort et la vie, il abandonnait celle-ci pour se jeter dans les profondeurs de celle-là, espérant y trouver sans doute le même vide qui était en lui.

Prévost-Paradol était en 1870, à la veille de la guerre, du nombre, très petit alors, de ceux qui ne croyaient pas à la victoire de la France, et, représentant de l'empereur à Washington, il y avait appris la marche des événements dont il avait prévu la fin, c'est-à-dire l'écroulement du trône et le désastre fatal des armées. Abreuvé d'amertume, se sentant solidaire, peut-être complice, de cette politique néfaste, dans la nuit du 11 juillet 1870, il s'était suicidé.

Lorsqu'un tel homme s'effarait devant les événements prochains, les fuyait, ne comprenait pas que sa vie ne lui appartenait point, la sacrifiait, en égoïste, à ses ambitions déçues, combien de ces jeunes gens, qui le croyaient, la veille encore de son suicide, leur modèle ou leur guide, ne devaient-ils pas ressentir d'angoisses?

IX

Le sujet des causes finales traité victorieusement par Burdeau est un des plus complexes et des plus abstraits de la philosophie. On ne peut l'exposer qu'à la condition d'unir la lucidité de jugement à la clarté de méthode et d'expression. C'est généralement la pierre d'achoppement des élèves, et plus d'un maître s'est heurté à ses aspérités.

De l'aveu des professeurs qui formaient le jury du Concours général de 1870, le jeune lauréat fit preuve d'un esprit remarquablement pondéré, de facultés d'assimilation peu communes, d'une dialectique assouplie, d'une grande sûreté de style.

Ce qui distinguait sa dissertation et ce qui lui avait valu le prix d'honneur, disputé ferme par MM. Gasquet et Lequien, c'était l'ordonnance habile, l'art déjà singulièrement entendu de saisir la synthèse d'une question, puis de l'étudier avec une analyse rigoureuse, d'en distribuer les parties avec une parfaite connaissance de leurs valeurs, comme un peintre eût fait des divers plans d'un tableau. L'érudition complétait ces qualités. Les citations révélaient non seulement un grand fonds de mémoire, mais aussi une abondante richesse de lectures. On voyait en un mot dans ce travail les indices de ce que serait plus tard celui qui l'avait rédigé, et l'on pouvait prédire que s'il entrait à l'École normale et se destinait à l'enseignement, comme c'était probable, l'Université trouverait en lui le talent et le savoir.

Un passage de sa dissertation avait été souligné par un des membres du jury, et la note marginale prouvait que l'examinateur avait été entraîné par la verve du lauréat : « L'homme est un être actif et intelligent : il le sait parce que sans cesse il agit et sans cesse en agissant il réalise un plan qu'il s'était proposé : poursuivre une fin, et savoir qu'on la poursuit, tel est le signe distinctif de l'activité pensante ».

Burdeau, en écrivant cette phrase, aurait pu ajouter que telle avait été la route qu'il s'était tracée spontanément dans son enfance et qu'il l'avait suivie sans jamais en dévier. Il aurait pu dire aussi que sans relâche ses yeux s'étaient fixés sur ce même but, et rappeler avec quelle ardeur indémentie, d'étape en étape, il s'était efforcé de l'atteindre.

Ce n'était pas le seul passage de sa dissertation où se retrouvât un souvenir de son passé. Il y songeait évidemment lorsqu'il traçait ces lignes : « La fin particulière à chaque être et ce qui l'attire par une mystérieuse action, c'est là ce qui détermine toute sa nature : sous cette influence ses facultés se disposent et s'organisent jusqu'à ce que de leur harmonieuse union résulte l'effet prévu par une divine sagesse ».

N'était-ce point, en quelque sorte, sa propre existence qu'il résumait ainsi? Et n'exprimait-il pas, en énonçant cette vérité, ce que dans le langage philosophique on appelle une antéoccupation, répondant d'avance aux doutes de quelques-uns de ses amis lorsqu'il leur disait qu'il voulait consacrer toute sa vie au travail et n'ambitionnait point d'autre noblesse?

« Celui-là seul, disait Burdeau, est un homme raisonnable qui met de l'unité dans sa conduite, et qui sait faire de sa vie un drame dont toutes les parties se tiennent. »

Qui aurait cru qu'à dix-neuf ans, au moment où tout autour de lui s'enveloppait d'incertitude, il prévoyait dans cette pensée toute sa carrière et jalonnait d'avance son chemin? Sans doute une dissertation d'élève de philosophie se ressent des leçons qu'il vient de recevoir, mais combien en est-il, même parmi les plus brillants, pour qui la formule du devoir, expliquée par le maître, est autre chose qu'une simple maxime d'école aussitôt oubliée après la dernière classe?

X

Il ne faut pas perdre de vue que la génération qui commençait de se faire jour en 1870 n'avait pas, en dehors de l'école, l'âme préparée aux résistances contre les séductions sociales. Née avec le coup d'État de 1851, grandie sous le Second Empire, n'ayant eu, en règle générale, pour sujet de méditation, dans l'observation qu'elle avait pu faire de la vie, que l'apothéose de l'or et du plaisir, l'asservissement des masses au fait accompli, la substitution de la force à l'autorité des lois, et la consécration des violations de serment par les majorités plébiscitaires, n'ayant été témoin que des ruines officielles des idées morales, des enthousiasmes de la foule pour les théories philosophiques ou littéraires de la relativité qui supprime le droit immuable et absolu par essence, ou du déterminisme qui supprime la liberté d'action individuelle; n'entendant préconiser dans le livre et le journal que le pessimisme, comme remède à l'inutilité de vivre, ou le culte du moi, comme fin et moyen de tout, elle était plutôt vouée à grossir le nombre des médiocrités plates et banales, se renfermant dans l'égoïsme brutal ou raffiné.

« La jeunesse, a écrit Renan, sort toute radieuse du collège comme si elle marchait à la conquête de l'horizon ».

La génération de 1870 n'eut ni ce rayonnement, ni ces perspectives : au sortir du collège, au lieu des rêves et des mirages, elle connut les affres, les poignantes visions de l'Invasion, et parmi ceux d'alors qui, à vingt ans, ne purent pas se replier sur eux-mêmes, dans ce réseau de fer et ce cercle de sang, beaucoup souffrirent cruellement de leur impuissance ou y succombèrent.

XI

Grâce aux maîtres qui les dirigèrent, dans cette année décisive, les jeunes gens formant alors à Louis-le-Grand la classe si nombreuse de philosophie ne furent pas atteints par ce mal de l'époque. « Hasard de groupement accidentel ou effet de la rude secousse qui les trempa par les souffrances aiguës de l'humiliation nationale, tous, a pu dire un des leurs, ont fait quelque chose d'utile, et il n'y en a peut-être pas un seul qui n'ait conquis un nom dans la vie. » Burdeau eut certainement une des parts les plus belles dans cette protestation contre les défaillances ou le déclin des âmes juvéniles en 1870.

A travers les difficultés dont il avait triomphé depuis son enfance, et que les institutions de l'Empire, faites pour les richesses et les soumissions seulement, semblaient devoir rendre insurmontables à sa pauvreté et à sa volonté, il était resté conscient de son idéal, et sa flamme s'en était avivée graduellement, sans se corrompre et sans s'éteindre un seul jour. Sa force procédait de l'unité de ses actes. Dans son existence, comme il le voulait, toutes les parties du drame s'étaient tenues avec un enchaînement logique qui allait demeurer sa règle.

En quittant le collège de Sainte-Barbe, Auguste Burdeau y laissa des souvenirs profonds. Aussi a-t-on pu dire de lui plus tard : « Ce n'est pas seulement le serviteur fidèle du pays appelé aux plus hautes destinées que nous regrettons en lui, c'est surtout l'ami dévoué, le barbiste plein de cœur. Dans des circonstances difficiles, il avait montré son dévouement au Collège, qui avait autrefois accueilli son enfance et guidé ses premiers pas dans la voie du succès. Nous ne l'oublierons jamais et nous le proposerons toujours comme modèle aux élèves de Sainte-Barbe : sans prétendre devenir un orateur ou un administrateur remarquable comme Burdeau, chacun d'eux peut au moins, comme lui, travailler, travailler sans cesse, se rendre utile aux autres et se montrer en toute circonstance un homme de cœur. »

Les lauréats de philosophie passent presque toujours du lycée à l'École normale. Le Concours général n'est d'ordinaire pour eux pas la seule épreuve. Ceux qui ont remporté la palme ne sont pas affranchis de l'examen d'admission, et le nombre des élus n'excède annuellement pas une vingtaine. Le classement dépend d'ailleurs de l'ensemble des points obtenus. Tel qui a été premier avec une supériorité retentissante dans une branche, peut échouer au port. Burdeau fut classé le douzième sur vingt dans la section des lettres. Il avait, dès le 18 février 1870, signé l'engagement décennal qui le dispensait du service militaire.

LA GUERRE

CHAPITRE IV

LA GUERRE

I

La nouvelle de la proclamation de la République, après la capitulation de Sedan, arriva à Lyon dans la soirée du 4 septembre 1870. Le préfet de l'Empire, M. Sencier, et le commandant militaire, qui était le général Espivent de la Villeboisnet, avaient vainement essayé de cacher à la population la gravité des événements. Depuis plusieurs jours, sur la place des Terreaux, se formaient des attroupements tumultueux : on commentait avec effervescence les dépêches publiées par les journaux et les placards affichés par les autorités.

Il y avait eu, sur la place de la Comédie et ailleurs, quelques collisions avec la police et la troupe qui étaient chargées de disperser les rassemblements. Lyon était, depuis ses journées de juin 1849, un centre et un foyer de propagande républicaine. La Croix-Rousse n'oubliait pas qu'après les massacres commandés par les généraux Gémeau et Magnan, les conseils de guerre avaient décimé les canuts pris sur les barricades. On se souvenait que nulle part les représailles et les mesures d'exception contre les hommes hostiles n'avaient été plus arbitraires. Si l'on était resté silencieux pendant dix-neuf ans de despotisme, on gardait au régime d'oppression une haine qui, lorsqu'elle éclaterait, serait aussi terrible qu'elle avait été concentrée. Aussi, quand on apprit que la guerre se terminait par le plus humiliant des échecs et le plus effroyable des désastres, que c'en était fait des armées de la France et de ses gloires militaires, que le pays était ouvert à l'ennemi marchant sur Paris, l'explosion des colères longtemps accumulées fut-elle soudaine. La Croix-Rousse descendit sur la place Bellecourt. On arrêta le préfet impérial, le procureur général de l'Empire, l'avocat général et les notabilités bonapartistes; on brisa les portes des prisons où étaient incarcérés les condamnés politiques, et l'on étendit cette mise en liberté à plusieurs condamnés pour délits de droit commun ; on proclama la déchéance de la dynastie fatale; on pénétra de force dans les arsenaux des forts Lamothe et de la Vitriolerie, où l'on s'empara des fusils; on institua un Comité de Salut public qui décida la levée en masse. Le surlendemain, 6 septembre, M. Challemel-Lacour, délégué par le gouvernement de Paris, arrivait à Lyon, prenait possession de la Préfecture et, de concert avec le Comité, organisait les mesures nécessaires à la pacification des esprits.

II

Tandis que la démagogie se portait aux excès, aux actes violents, envahissant l'Hôtel de ville, menaçant de mort le préfet, quelques jeunes gens plus réfléchis, plus soucieux du devoir patriotique, se rendaient à la caserne des Passagers pour s'engager dans l'armée active. Ils étaient une cinquantaine, et parmi eux se trouvait Auguste Burdeau, que son engagement décennal aurait pu dispenser de servir. Le médecin-major les refusa, ne les trouvant sans doute, à raison de leur âge, pas assez robustes pour soutenir les fatigues de la campagne. Ils protestèrent. On leur répondit que s'ils n'étaient pas acceptés par le Conseil médical, il était impossible de les enrôler. Un officier, témoin de leur désappointement, et comprenant qu'au moment où le pays en danger avait besoin de tous les renforts, on pouvait passer outre ou fermer les yeux, leur conseilla de faire dans quelque temps une nouvelle démarche. Vers le 15 octobre, Auguste Burdeau se présenta de nouveau. Cette fois on céda à son enthousiasme. Sa tentative réussit. On l'admit à signer un engagement pour la durée de la guerre.

Dès le lendemain on l'envoya à Grenoble au 3e bataillon de chasseurs à pied. Le 15 novembre, il est nommé caporal ; le 10 décembre, sergent. Dix jours après sa compagnie quitte Grenoble et il est incorporé dans le 20e bataillon de chasseurs à pied, à Besançon. Arrivé dans cette ville, il reçut les galons de sergent de tir.

La légion du Rhône avait fait des pertes énormes dans la bataille de Nuits où le général Cremer, avec 12000 hommes et 24 bouches à feu, s'était trouvé en présence de 18000 Prussiens soutenus par une artillerie de beaucoup supérieure à la sienne. Le combat n'avait cessé qu'avec le jour, et l'ennemi, resté sur ses positions, était trop fortement ébranlé pour pouvoir songer immédiatement à reprendre son mouvement en avant.

III

Le bataillon dont faisait partie le sergent Burdeau appartenait au 24e corps d'armée, commandé par le général Bressolles que Gambetta avait chargé de faire des levées en province et principalement dans le Lyonnais.

Ce corps d'armée comptait environ 150 000 hommes. La 1re légion du Rhône se composait presque exclusivement d'enfants de Lyon. Elle s'était vivement défendue à Nuits, mais quoique l'on eût infligé des pertes considérables aux Prussiens, ce n'en était pas moins une défaite, et l'émotion populaire à Lyon même, où cette nouvelle avait répandu l'alarme, prenait un caractère inquiétant.

Gambetta, qui s'était rendu au chef-lieu du département du Rhône, pouvait se rendre compte de l'état des esprits. Impatient d'ailleurs de reprendre l'offensive et sentant que la région de l'Est pouvait être dangereusement exposée, il décida de recourir à une manœuvre hardie. D'accord avec M. de Freycinet, il lança aux généraux des 18e, 20e et 24e corps d'armée un ordre de service informant que la direction stratégique des troupes en campagne dans la région de l'Est appartiendrait désormais à Bourbaki, tout en conservant à Garibaldi son indépendance, mais avec le but de faire coopérer les armées de ces deux généraux à la même action.

Bourbaki avait été nommé, le 22 octobre, commandant supérieur des armées du Nord. Il avait aussitôt, avec une admirable activité, rassemblé quelques troupes capables d'entrer en ligne avec les Prussiens, mais le gouvernement, qui avait dû se transporter à Tours, n'avait pas tardé à comprendre que l'on pouvait mieux employer ses grands talents militaires et son énergie : on l'avait appelé, le 19 novembre, au commandement en chef de la nouvelle ar-

LÉON GAMBETTA

mée de la Loire que l'on formait à Bourges avec les débris du 15e corps, le 18e et le 20e, ce dernier provenant tout entier de la reconstitution de l'armée de l'Est, après la dissolution presque complète de celle du général Cambriels.

On dégarnissait ainsi la vallée de la Saône et l'on découvrait Lyon et le Midi. Tactique audacieuse qui échappa pendant quelques jours à l'ennemi, mais que celui-ci ne pouvait tarder à connaître.

L'Est n'avait en réalité pour défense que les faibles forces avec lesquelles Cremer et Garibaldi empêchaient les Prussiens de s'étendre au delà de Dijon, déjà en leur pouvoir. Garibaldi avec 5 ou 6 000 hommes seulement et 6 pièces de quatre, avait battu 10 000 Allemands à Autun, puis, se concertant avec Cremer, il avait repoussé l'ennemi d'Arnay-le-Duc sur Bligny. Cremer, pris entre deux feux, avait subi un échec sanglant qui lui avait coûté 400 hommes hors de combat et 300 prisonniers. A Nuits, il avait été un peu plus heureux, mais la position était des plus critiques et il fallait immédiatement parer aux opérations des Allemands.

Il n'y avait qu'un seul moyen, c'était de couvrir Bourges et Nevers, en masquant le mouvement, et de donner l'ordre à Bourbaki de se porter avec le 18e et le 20e corps, et de concert avec Garibaldi, sur Dijon pour s'en rendre maître. Pendant ce temps Bressolles, à la tête du 24e corps[1] devait opérer sa jonction avec les troupes qui auraient occupé Dijon.

On pouvait croire que l'ennemi ayant devant lui des forces aussi redoutables, lèverait le siège de Belfort où le colonel Denfert-Rochereau tenait, depuis le 19 octobre, en respect le général allemand Hermann de Tresckow avec un héroïsme qui restera à jamais légendaire.

Ce plan ne pouvait réussir qu'à la condition d'exécuter rapidement les mouvements et de surprendre l'ennemi. En effet, tandis que de Tresckow tâchait vainement de triompher de la résistance de Belfort, le général de Werder, qui occupait les Vosges avec 35 000 hommes, protégeait les assiégeants et se préparait à se joindre à eux.

1. On sait que Burdeau faisait partie de ce corps avec le grade de sergent.

Bourbaki ne perdit, à vrai dire, pas une heure. Il réunit tous ses efforts en vue de vaincre d'un seul coup de main décisif. Il avait deux partis à prendre; ou bien marcher

COLONEL DENFERT-ROCHEREAU

droit sur Belfort, attaquer Tresckow et le battre, en maintenant Werder à distance; ou bien tomber d'abord sur Werder et se rejeter ensuite sur Tresckow pour délivrer Belfort. Il se décida pour la seconde alternative.

IV

Le désordre du service des chemins de fer et un concours malheureux de circonstances compromirent la réalisation immédiate de ces combinaisons stratégiques. Les troupes de Bourbaki ne commencèrent à arriver à Chalon et à Chagny que le 27 décembre. En y débarquant elles apprirent que les Prussiens, poussés par Cremer, avaient battu en retraite et évacué Dijon. Il fallut remonter en wagon pour s'avancer plus à l'est. Les transports, commencés le 23 décembre à Bourges, Nevers et la Charité, n'amenèrent l'armée française entre Dijon et Besançon, que le 2 janvier. Ce même jour le 18ᵉ corps franchit la rivière de l'Ognon à Permes, le 20ᵉ se dirigeait sur Marnay et Voroy où Bourbaki établit son quartier général.

La rivière était prise. Le 18ᵉ et le 20ᵉ corps s'avancèrent sur la rive gauche, tandis que le 24ᵉ, dont faisait partie Burdeau, marchait parallèlement sur l'autre rive. Les trois corps se portaient sur Vesoul.

Werder s'était fortement établi dans les environs de cette dernière ville, derrière le Dourgeon, puis retranché entre Espels et Villersexel, crénelant les murs et les maisons de ces deux villages et coupant par de hautes barricades les chemins qui y donnaient accès.

« Les troupes françaises, dit un témoin, étaient sans cohésion, mal armées, mal vêtues, mal chaussées. Les approvisionnements plus qu'insuffisants. C'étaient plutôt des bandes que des régiments réguliers. » En proie à toutes les privations, elles allaient lutter contre un ennemi solide, parfaitement organisé, et contre le froid, plus terrible que l'ennemi. Le 24e corps (celui de Burdeau) devait se porter sur Belfort en suivant une route passant par Villersexel et Héricourt; le 20e corps prendrait la même direction, le 18e marcherait sur Espels et Villersexel. C'est là qu'eut lieu la bataille, le 9 janvier.

V

« Il était environ neuf heures du matin, dit un historien de cette journée. Les canons de l'ennemi couvraient les hauteurs de la rive droite de l'Ognon. Bien abrités, bien à couvert, bien préparés au combat, ayant mangé à l'aube, les Prussiens occupaient des positions formidables. Werder y avait accumulé la masse principale de ses forces avec une quinzaine de batteries. Il y avait de la neige partout. L'entrain des Français fut admirable. L'air calme et résolu de Bourbaki, impassible au feu, déployant personnellement la plus grande bravoure, donnait confiance aux soldats. Pendant dix heures la lutte se poursuivit avec un acharnement égal de part et d'autre. » L'opiniâtreté des Prussiens n'était pas inférieure à celle de leurs assaillants. Ceux-ci couraient sus à l'ennemi en chantant. Villersexel fut pris et repris plusieurs fois. A la nuit tombante, les Allemands occupaient encore le château du marquis de Grammont, résidence magnifique et célèbre dans le pays. Quelques soldats français, favorisés par le crépuscule, entrent dans le parc. Ils s'aperçoivent que le rez-de-chaussée des bâtiments est au pouvoir des Allemands.

— Il faut les déloger de là, s'écrient Burdeau et quelques autres.

L'élan de nos jeunes soldats est irrésistible. On pénètre

dans le château par les fenêtres, la lutte s'engage dans les corridors et les escaliers avec des alternatives diverses. L'ennemi cède sur tous les points et Tresckow ordonne la retraite. On se bat partout, dans le parc, dans les rues du village, avec un fracas extrême. A dix heures du soir, le château en flammes éclaire de ses sinistres lueurs les combattants, dont la fougue ne fait que redoubler. A la fin, la retraite des Prussiens est hors de doute. Jetés, la baïonnette dans les reins, hors du parc, ils se replient en désordre sur Montbéliard. Un peu avant trois heures du matin, on entend les derniers crépitements de la fusillade. Les Allemands avaient engagé dans cette affaire 15 000 hommes et 54 bouches à feu; ils avaient perdu 26 officiers et 553 hommes, mais les pertes des Français étaient malheureusement plus considérables : 27 officiers et 625 hommes tués ou blessés, 700 prisonniers.

Bourbaki, en descendant de cheval à minuit, télégraphia au ministre :

« Le général Clinchant a enlevé, avec un entrain remarquable, Villersexel ; le général Billot a occupé Esprels et s'y est maintenu. Nous sommes maîtres de nos positions ; tous les ordres sont donnés pour répondre convenablement à une attaque de l'ennemi si elle venait à se produire, ou pour prendre telle autre position que les circonstances rendront nécessaire. »

Et M. de Freycinet lui répondait : « La brillante victoire que vous avez remportée en avant de Villersexel est le couronnement mérité de la savante manœuvre que vous exécutiez depuis quatre jours avec autant de hardiesse que de prudence, entre les deux groupes des forces ennemies. Je vous en félicite de tout mon cœur, ainsi que votre excellent chef d'état-major Borel, dont j'ai reconnu la main dans plusieurs dispositions. Il nous tardera de récompenser les braves qui se sont distingués dans cette journée et auxquels le gouvernement sera heureux de témoigner sa reconnaissance. » Auguste Burdeau, qui avait reçu le baptême du feu dans cette journée, pouvait, comme ses camarades de la légion du Rhône, revendiquer une part de ces éloges.

VI

La victoire de Villersexel semblait, comme on l'a dit avec raison, faire briller de nouveau l'étoile de la France; mais pour que cet avantage portât ses fruits et ne fût pas une simple halte dans nos revers, il aurait fallu se hâter d'en profiter. Au lieu de cela, on laissa l'ennemi se replier et reprendre ses communications avec le gros de son armée.

Quelques-uns ont accusé Bourbaki d'avoir fourni à Werder, par son indécision, le moyen de s'échapper, quand ses troupes étaient en désordre. D'autres expliquent que le général en chef de l'armée de l'Est fut obligé de suspendre sa marche pour attendre les approvisionnements qui lui faisaient absolument défaut, la pauvreté du pays ne lui permettant pas de les remplacer par des réquisitions.

Le télégramme adressé au ministre par Bourbaki lui-même, le lendemain de la bataille, donne, mieux que tous les commentaires, la véritable raison de sa conduite : « J'accélère, disait-il, le plus possible nos opérations, comprenant comme vous l'immense intérêt qui s'attache à la rapidité de leur exécution; mais elles se trouvent contrariées à chaque instant par la difficulté d'assurer la subsistance des troupes, en raison de l'éloignement des voies ferrées, du verglas, de la raideur des pentes à gravir et à descendre, de l'insuffisance numérique de nos moyens de transports. Il est impossible de se trouver dans de plus mauvaises conditions que celles qui nous sont faites d'une façon si continue par la rigueur de la saison. L'intendant en chef du 24e corps a fait connaître au général Bressolles qu'il n'était pas en mesure d'assurer les distributions si les troupes faisaient un mouvement demain. »

Pieds nus, sans pain, comme les soldats des armées de la première République, les recrues et les mobiles de Bourbaki avaient, nous le répétons, été habillés, armés et équipés à la hâte. Le ventre creux, vêtus d'étoffes sans solidité, faites pour tomber aussitôt en guenilles, chaussés de souliers dont les semelles de carton étaient, dès les premiers pas, restées dans les boues et les neiges, ils bravaient en chantant les rigueurs de ce terrible hiver qui venait en aide à un ennemi auquel il ne manquait rien. Ils couchaient vaillamment, sans couverture, sur des bottes de paille, là où quelque grange ouverte, quelque maison sans vitres aux fenêtres leur donnait un semblant d'abri. Pas un ne se plaignait. Ils savaient que la France avait, anxieuse, épuisée de souffrances et d'efforts, les yeux fixés sur eux, et ils étaient fiers d'avoir montré que l'on ne devait pas désespérer d'un retour de fortune. Cette confiance les soutenait, alimentant leur intrépidité. Quand, le surlendemain de la bataille, les clairons sonnèrent la reprise de la marche, un cri de joie partit de toutes les poitrines. On n'avait pas mangé depuis la veille. Les estomacs tiraillaient. Qu'importe? L'entrain suppléait au repas. On n'était plus hanté que par une seule préoccupation : culbuter et déloger l'ennemi, dont les lignes, fortifiées d'une manière formidable, avaient 80 000 hommes pour les défendre.

Werder avait profité de l'inaction forcée, mais funeste, des Français. Employant utilement le temps que lui laissait son adversaire, il avait, dès le 11, occupé Héricourt, et dans les trois journées suivantes, il répartissait ses troupes sur la rive droite de la Lisaine; posté entre l'armée de l'Est et Belfort, il nous attendait. Le 13, il y eut une rencontre au village d'Arcey, placé à l'embranchement des routes de Belfort et de Montbéliard. On y fit des prodiges de valeur et Bourbaki dut y payer de sa personne. Burdeau s'y battit également. Arcey fut enlevé à la baïonnette. Le 15, la lutte recommença. Elle devait être décisive. On avait pris position en face de l'armée allemande, devant Héricourt. Si l'on parvenait à chasser l'ennemi de là, Belfort était sauvé. Le 15ᵉ corps entama l'attaque au village de Sainte-Suzanne, en avant de Montbéliard. Les avant-postes allemands opposèrent une vive résistance. Les avant-gardes françaises furent d'abord repoussées et rejetées dans les bois, mais, vers midi, les Prussiens, accablés par le nombre, battirent en retraite, retirant successivement toutes leurs troupes massées sur la rive droite de la Lisaine pour aller prendre rang sur la position principale, de l'autre côté de la rivière. Ils abandonnèrent même Montbéliard, à l'exception du château qui resta occupé par sa garnison.

VII

Héricourt est précédé, sur la rive droite de la Lisaine, par une éminence appelée le Mougnot, qui forme une sorte de tête de pont. Cette position avait été fortifiée avec soin, bien que l'abri des bois permît de s'en approcher à couvert et que les abords en fussent insuffisamment battus par le mont Vaudois. Une partie des bois avait été rasée ; la crête était défendue par plusieurs lignes de tranchées-abris. On avait construit des batteries enterrées ; les routes barricadées, un cimetière au nord, le moulin de Bourangle au sud, étaient organisés pour la défense. Entouré d'artillerie de toutes parts, le Mougnot était un obstacle redoutable. Le 20e corps, commandé par Clinchant, déboucha le 15 au matin devant cette position, repoussa les avant-postes ennemis, se développa en face d'Héricourt et du Mougnot, puis, se conformant à l'ordre du jour, attendit, avant d'attaquer, l'effet du mouvement que devait exécuter le 18e corps.

Par suite de circonstances que nous n'avons pas à apprécier ici, le 18e corps et la division Cremer n'arrivèrent en ligne qu'à quatre heures du soir au lieu de six heures du matin, et, par conséquent, beaucoup trop tard pour que le mouvement tournant pût donner les résultats combinés par Bourbaki. Celui-ci, n'entendant pas tonner le canon de ce côté, envoya, pendant toute la journée, officiers sur officiers, afin de savoir ce que devenait cette partie de son armée, ayant pour objectifs Chenebier et Étobon, deux positions importantes, qui, par suite de ce retard, ne purent être occupées qu'un instant.

Dans la soirée du 15, les résultats obtenus étaient peu appréciables : nos troupes avaient donné avec ardeur, mais elles auraient dû, après l'action, pouvoir se reposer. Au lieu de cela, elles eurent à souffrir du froid, qui, pendant la nuit du 15 au 17, atteignit plus de 18 degrés ; elles mouraient de faim ; dans la plupart des corps, on ne fit aucune distribution de vivres ; il y eut des hommes qui restèrent trente-six heures sans manger ; les mieux partagés n'avaient qu'un pain de quatre kilogrammes par compagnie, et c'était tout.

La bataille d'Héricourt dura trois jours ; elle offrit ce caractère particulier que ce ne fut pas une action générale, mais un ensemble de combats individuels, chaque corps d'armée s'engageant isolément sans même communiquer avec ses voisins. Le 16, malgré une lutte des plus vives, toutes les tentatives de passage échouèrent. Le général Cremer réussit seul, sur la gauche, après un engagement acharné, glorieux, mais sanglant, à s'emparer de la position de Chenebier, tandis que l'amiral Penhoat culbutait la

GÉNÉRAL BOURBAKI

droite des Prussiens et s'établissait à Étobon. Au centre et à droite on s'était battu sans succès. On avait essayé en vain de franchir la Lisaine, et l'on n'était entré dans Héricourt que pour en ressortir. On occupait Monthéliard, mais le château, sommé de capituler, avait répondu par un refus. Du côté de Bussurel, le 24e corps, dont faisait partie Burdeau, s'était vu empêché de pousser son attaque à fond ; le brouillard, qui depuis le matin paralysait les batteries allemandes, se dissipa vers midi, et nos troupes, bientôt écrasées, s'étaient retirées, se bornant à soutenir une vive fusillade avec les avant-postes ennemis.

Un des officiers de la compagnie de Burdeau, M. Dubech, lieutenant de chasseurs à pied, a rendu hommage à la bravoure du jeune sergent dans cette journée :

« Lorsque, dit-il, avec le capitaine Dubois, nous avons formé le cadre de la 14e compagnie de marche, nous ne connaissions du chasseur Burdeau que sa martiale attitude et sa bonne conduite. Ce sont les seules qualités qui ont guidé notre choix. Je dois affirmer qu'il avait complètement négligé de nous faire connaître ses brillantes études, et que, en le nommant sous-officier, nous n'eûmes en vue que de récompenser son courage et son exactitude militaires. »

Le 17, les nouvelles tentatives furent aussi infructueuses que celles de la veille. On avait décidé une attaque générale, mais, comme le jour précédent, on ne put franchir la Lisaine. A midi, le général Bourbaki parcourut le champ de bataille. Déçu dans ses espérances, ne recevant aucune nouvelle de son aile gauche, il réunit, près de Chagny, une conférence à laquelle assistèrent les généraux Billot, Bonnet, Clinchant, Pilatre et d'autres officiers. Tous furent d'avis qu'il était impossible de passer et qu'il fallait battre en retraite. Bourbaki, le désespoir dans l'âme, donna l'ordre de se replier sur Besançon.

« Les souffrances des malheureuses troupes françaises, pendant ces trois journées, furent terribles, dit M. d'Eichthal. Les hommes étaient épuisés par la fatigue, le froid et la faim, par des combats successifs. Autant l'enthousiasme avait, au début, été vif, autant, vers la fin, la démoralisation était arrivée à son comble. Le verglas empêchait toute espèce de ravitaillement; les chevaux tombaient et ne se relevaient plus, les convois restaient en route. Une faible partie seulement des troupes pouvait être cantonnée, le reste était obligé de bivouaquer; les hommes devaient rester éveillés toute la nuit pour éviter la congélation; car avec la neige et le bois vert dont on pouvait disposer, on obtenait de la fumée, mais ni flamme ni chaleur. »

La légion du Rhône souffrit de ces privations comme le reste des troupes. Les marches forcées, le manque de vivres, le froid la faisaient, écrit le docteur Fontan, pour ainsi dire fondre à vue d'œil. « Le nombre des malades qu'on envoyait chaque jour aux ambulances était considérable, et plus tard, à Héricourt, ce fut par centaine qu'il fallut chiffrer, à l'appel, le déficit quotidien. De plus en plus réduite par la dysenterie, les fluxions de poitrine et le froid, elle descendit bientôt à 600 hommes. » « Sur la route de Tavey à Laire, rapporte un autre témoin, on ne rencontrait que des hommes morts de froid et de faim. » « J'ai vu, déclare un officier supérieur, disparaître, en un seul moment, plus de 200 hommes par bataillon. »

VIII

Le 18, à sept heures du soir, on alluma de grands feux: c'était le signal de la retraite. Elle fut difficile, embarrassée, lente, lamentable, et dura cinq jours. On sait comment elle se termina. Bourbaki, voyant ses lignes coupées et jugeant impossible de passer à travers les colonnes prussiennes, donna l'ordre de se retirer sur Pontarlier. Le gouvernement de Bordeaux désapprouva cette combinaison.

Bourbaki, désespérant de sauver ses soldats, découragé par le mauvais état de son armée, par ses échecs, par les appréciations injustes, comme il l'a dit devant la Commission d'enquête, assailli par les pensées les plus sombres, se tira un coup de pistolet dans la tête, le 26 janvier au soir.

Dans cette même nuit, mais après la tentative de suicide, arriva une dépêche de Gambetta, investissant le général Clinchant du commandement de l'armée de l'Est. L'armistice se concluait deux jours plus tard (28 janvier). Une clause spéciale de cette convention excluait l'armée de l'Est et la place de Belfort de la suspension d'armes et stipulait, au contraire, que pour elles la guerre continuerait. Le général Clinchant, averti trop tard, ne parvint à sauver ses troupes qu'en se jetant avec elles en Suisse. Il se rendit aux Verrières et y signa, le 1er février, avec le général en chef Herzog, qui commandait l'armée helvétique, un accord en vertu duquel l'armée française était autorisée à pénétrer sur le territoire de la Confédération, après avoir déposé ses armes et équipements, son matériel d'artillerie et ses munitions.

IX

« On ne peut imaginer, dit un historien, de spectacle plus affreux que celui de l'entrée de cette malheureuse armée en Suisse. Il faut y avoir assisté pour croire à toutes les horribles souffrances que supportaient nos pauvres soldats. Heureusement la brigade de réserve, commandée par le général Pallu de la Barrière tint bon, arrêta l'ennemi quelque temps et permit de franchir la frontière, sans cela l'armée entière était faite prisonnière. »

Cette action, ayant pour objet de couvrir la retraite, fut notre dernier fait d'armes pendant la guerre de 1870-1871.

« La convention faite entre le général Clinchant et le géné-

GÉNÉRAL CLINCHANT

ral Herzog, dit M. Juteau, avait été dénoncée à Manteuffel, mais le général allemand n'en tint aucun compte. Il voulait interdire toute voie de salut, prendre en bloc cette armée si nombreuse et ne lui laisser aucun moyen de s'échapper. Un combat s'engagea au col de la Cluse avec notre arrière-garde. On se fusillait à vingt pas, près de la cabane du chemin de fer qui marque le tournant du col. L'armée de Manteuffel, engagée presque entièrement dans la trouée de Pontarlier et sur les crêtes, subit des pertes considérables. Nos soldats, cernés de toutes parts, s'arrêtaient souvent, reprenaient ensuite vivement, et ne se repliaient que vaincus par la supériorité du nombre. Harassés de fatigue, de faim et de froid, sans vêtements, sans souliers, ils opéraient cependant une retraite meurtrière pour l'ennemi ; le terrain était jonché de cadavres prussiens, d'armes brisées ; la boue et la neige étaient pétries de sang humain ; de notre côté, nous avions aussi à déplorer des pertes cruelles ; le 29e de marche, l'infanterie de marine eurent surtout à souffrir.

« Pendant ces combats acharnés, l'armée continuait sa marche à travers des difficultés inouïes ; les routes étaient encombrées ; la neige interceptant les passages, on était obligé d'attendre le tour de chaque régiment et on restait stationnaire, massé au débouché des chemins et des défilés ; à peine si, exténué de fatigue, sans pain, sans nourriture, on pouvait opposer une faible résistance. Et cependant l'ennemi continuait à canonner ces masses qui ne menaçaient plus et n'épargnait pas même les voitures d'ambulance ; il livrait ainsi un combat à la fois meurtrier et sans gloire, massacrant des hommes qui avaient conclu une convention pour se retirer.

« La situation de l'armée de Clinchant désorganisée était affreuse et offrait le spectacle le plus navrant; des soldats dans toute espèce de costumes et d'uniformes, brisés de corps et d'âme, n'opposant aux frimas qui les raidissait que de misérables équipements, s'affaissaient et tombaient pour ne plus se relever. Ces hommes, pour la plupart mobiles et volontaires, sans habitude de la marche et du havresac, qu'on avait transportés imprudemment au milieu des montagnes par un froid excessif, n'avaient pas couché sous un toit depuis trois semaines, et presque toujours étaient restés dans la neige. De distance en distance, des chevaux morts, portant de longues entailles pratiquées par des soldats affamés, d'autres rongeant l'écorce des arbres et s'attaquant même aux roues des canons. Cavalerie, artillerie, infanterie mêlées, confondues, s'entrechoquaient, défilaient à travers cet amas de rochers et de précipices; bagages, caissons, canons démontés encombraient la route. Pour la vue, pour l'âme de chacun, le spectacle était épouvantable; les morts restaient sans sépulture; les blessés, les malades inspiraient à ceux qui partaient plus de compassion encore que les morts. Le temps glacial complétant l'œuvre de destruction, ces infortunés succombaient sur le champ de bataille; la mort après la torture! Combien ont dû périr dans les défilés! Leurs corps recouverts de neige n'ont reparu qu'au printemps. Quant à ceux qui s'échappaient, leur situation n'était pas moins cruelle; quel dénouement humiliant après l'éclat des débuts! »

X

« On sait comment nos soldats furent accueillis en Suisse. Partout, dans les hameaux comme dans les villes, chez les pauvres comme chez les riches, on les reçut avec les marques de la sympathie la plus vraie; toutes les portes s'ouvraient devant eux, toutes les mains se tendaient vers ces Français. Des comités se formèrent de tous côtés pour venir en aide aux internés, des souscriptions furent ouvertes; en quelques jours, on réunit des sommes considérables. Des femmes de toutes les conditions se dévouèrent à soigner les blessés et les malades. On était pris de pitié quand on entrait dans les ambulances, dans les églises, transformées en hôpitaux et remplies de soldats français ; partout des blessés, des infirmes, des hommes dont les pieds ou les mains étaient gelés ; on entendait jour et nuit, comme un glas funèbre, la toux des malheureux atteints de bronchite. En même temps, on était saisi d'admiration pour ces jeunes femmes qui s'improvisant sœurs de charité, affrontaient les spectacles les plus pénibles et soignaient de leurs mains les plaies les plus rebutantes. La France n'oubliera jamais l'accueil que ses fils vaincus ont trouvé chez le peuple suisse. »

XI

Le 19 janvier, premier jour de la retraite de l'armée de Bourbaki, le sergent Burdeau, laissé en réserve au village de Sainte-Marie avec cent vingt hommes, s'était vu envelopper par un bataillon de la landwehr prussienne, qui amenait deux pièces d'artillerie. Il était seul sous-officier, commandant le détachement ; attaqué par l'ennemi infiniment plus nombreux, il soutint la lutte et lui opposa pendant cinq heures une vigoureuse résistance ; plus de la moitié de ses hommes succombèrent. Lui-même est blessé à la tête d'un coup de crosse de fusil et à la jambe gauche d'une balle morte. Il fut fait prisonnier et conduit au camp de Lechfeld en Bavière.

L'ÉVASION

CHAPITRE IV

L'ÉVASION

I

Lechfeld est situé dans la Haute-Bavière, entre Landsberg et Augsbourg. C'est, comme l'indique son nom, une grande plaine baignée par le Lech, affluent de droite du Danube. Ce cours d'eau descend du lac Formarin qui est dans le Vorarlberg, devient navigable à Schongau et se jette dans le fleuve à Lechsend, entre Ulm et Ingolstadt, où il y a une forteresse de premier ordre. La plaine de Lechfeld est historique : Othon Ier y défit les Huns en 955. Très vaste, presque sans accidents, elle a 37 kilomètres de long. Landsberg, au pied des Alpes bavaroises, fait un commerce de bois assez important et compte une population d'un peu plus de 5 000 habitants. Augsbourg, qui se trouve au confluent du Lech et du Wertach, à la jonction de la voie ferrée de Munich à Ulm, est la capitale de la Souabe; vieille ville de 66 000 âmes, principal dépôt d'armes de la Bavière, centre d'activité et d'industrie de la région.

L'armée bavaroise campait dans la plaine du Lech. Les prisonniers français y étaient gardés à vue et traités avec rigueur. Ordre avait été donné aux sentinelles de tirer sans merci sur quiconque franchirait les lignes.

Cette sévérité n'empêchait pas nos soldats de risquer leur vie pour recouvrer la liberté. Ils étaient nombreux, la vigilance des Bavarois pouvait être parfois en défaut, ils tentaient d'en profiter.

Le sergent Burdeau ne tarda pas à songer, comme d'autres, aux moyens de fuir, mais il n'ignorait pas que pour tromper la surveillance des factionnaires, il fallait beaucoup d'audace. Aussi attendit-il que ses blessures fussent complètement guéries. Entre temps, il fit part de son projet d'évasion à quelques compagnons de captivité. Tous l'approuvèrent. Mais deux mois s'écoulent avant de pouvoir le mettre à exécution.

Enfin, il juge que le moment est arrivé de tenter le coup. Autant mourir d'une balle ennemie que de prolonger des souffrances dont on ne prévoit pas la fin. Le bruit courait en effet, dans le camp de Lechfeld, que l'on ne rapatrierait aucun prisonnier avant le paiement de l'indemnité énorme exigée par l'Allemagne pour évacuer le territoire français. Les désespérés ne voulaient pas attendre ce moment. Tous les jours il y en avait qui s'aventuraient jusqu'au cordon militaire avec l'espoir de s'échapper, mais dès qu'ils tentaient de passer entre les factionnaires, ceux-ci les fusillaient à bout portant. Burdeau savait à quoi il devait s'attendre. Cependant la grandeur du danger ne fit que stimuler son courage. Jeune, brave, ardent, redevenu solide, il n'avait qu'un rêve : celui de recouvrer sa liberté pour se joindre de nouveau aux derniers défenseurs de la patrie. Depuis sa captivité il ne cessait de répéter aux Français qui l'entouraient les paroles de Gambetta : « Élevez vos âmes et vos résolutions à la hauteur des effroyables périls qui fondent sur la patrie. Il dépend encore de vous de lasser la mauvaise fortune et de montrer à l'univers ce qu'est un grand peuple qui ne veut pas périr et dont le courage s'exalte au sein même des catastrophes ».

II

Animé de ces desseins, le 18 mars il s'évade comme il se l'était proposé; et, sans savoir son chemin, pouvant par bonheur le demander dans la langue allemande qu'il parle assez bien pour se faire comprendre, mais exposé à être reconnu à tout pas rien qu'à son accent, il se dirige vers la frontière suisse; mangeant et se reposant lorsqu'il en a l'occasion. Il atteint près de Friedrichshafen, sur le lac de Constance, la petite ville de Lindau, non loin de la digue de chemin de fer qui a 555 mètres de longueur. Il n'a plus qu'un millier de pas à faire pour arriver au lac. Le salut est au delà. Il sait que la ville et le canton de Saint-Gall se trouvent de l'autre côté et que sur ce territoire neutre, dans cette Suisse si hospitalière à l'armée de l'Est, il sera libre. Hélas! il a compté sans la fatalité : en ce moment même il est encore en Souabe. Quelqu'un s'approche de lui. C'est un employé du chemin de fer. Celui-ci l'interroge. L'évadé se trouble. On le reconnaît. On l'arrête. Il est ramené presque sans étapes à Lechfeld.

Il ne s'attend plus qu'à être passé par les armes. Sans qu'il puisse s'expliquer pourquoi, on se contente de lui infliger quelques jours de cachot. Il y retrouve ses anciens compagnons d'évasion et forme avec eux, aussitôt, un nouveau complot. Mais deux mois se passent encore avant qu'ils aient une autre occasion de fuir. Qu'importe! Ils sont patients et persévérants.

Le 10 juin, dans la soirée, Burdeau, après l'extinction des feux, leur dit :

— Allons, le moment est venu!

Il était dix heures, le *frichti* de lard et de haricots, toute une gamelle de campement, avait été mangé avec lenteur, emmagasiné consciencieusement dans quatre estomacs qui avaient à faire provision. Un coup de *schnaps* pour mettre le tout en ordre, et en avant! C'était l'instant convenable pour tenter la chance.

Lui-même a longuement raconté avec verve cet épisode vécu, dont le récit, sous sa plume, donne la sensation des périls affrontés.

Nous lui laissons la parole[1].

III

Une dernière revue! C'est ma besogne, cela, car la captivité ne m'a pas enlevé mes galons de sergent et, dans nos rangs, personne ne voulant croire que pour lui la guerre soit finie et qu'il ait cessé d'être utile, la même hiérarchie, la même discipline s'est maintenue. Voilà mes trois hommes en ligne.

Faure d'abord, un marin devenu chasseur à pied, mon soldat, mon camarade en campagne, en captivité, partout, l'un des survivants intacts (ils ne sont pas très nombreux) de la dernière affaire où notre bataillon fut engagé, dans

1. Les pages qui suivent ont été écrites par Auguste Burdeau quelques années après la guerre.

l'Est, au premier jour de cette triste retraite. Au physique, un petit homme, si petit qu'on le refusait à l'engagement; il s'obstina dans la caserne, tant et tant, qu'on se décida à lui donner un uniforme. Aussi large d'ailleurs qu'il est court; face rougeaude, des yeux furibonds, une poigne terrible; en tout la physionomie d'un crabe qui se tiendrait debout.

Poichet, surnommé dans tout le camp, le professeur; et il l'est, en effet, dans un des grands lycées de l'Ouest. Engagé au 4e zouaves, après Sedan, il a découvert que c'était sa vraie carrière. Au régiment, il a si bien joué son rôle et caché son origine, qu'après quatre mois de combats, il s'est poussé jusqu'au grade de premier soldat. Au demeurant, c'est l'idéal du simple zouave : grand gaillard aux allures décidées; nez busqué; en guise de sourcils deux broussailles au fond desquelles étincellent des yeux qu'on ne peut voir de près et qui, de loin, ont un air très farouche, un hérissement de barbe qui lui fait une tête formidable, excepté quand il sourit. Mais, alors, quelle éclaircie! Quelle explosion rassurante d'une bonne gaieté, d'une gaieté rabelaisienne, que le vin de France avait allumée et que la bière allemande n'a pu noyer encore.

Nux, enfin, un être singulier, stature imposante, qui jure avec des gestes et des façons gouailleuses; une sorte de gamin de Paris qui aurait six pieds de haut; maigre avec une tête de Kalmouck emmanchée sur un corps trop long, qui, en marche, s'ouvre brusquement, menaçant de se fendre jusqu'au cou, avec des saccades comme d'un compas qui marcherait. Une bouche immense, à peine suffisante encore pour un éclat de rire qui vaut un coup de trompette. Un courage bizarre, qui procède par coups de folie et qui réussit mieux que l'habileté la plus consommée, comme s'il s'y mêlait quelque calme secret. Il fut de ces quelques artilleurs qui, devant Héricourt, se trouvant avec trois pièces de quatre, sur une côte escarpée sans abri, pris d'écharpe par les obus prussiens et ne pouvant être sauvés que par un miracle, le firent : à bras d'homme, en quinze minutes, ils enlevèrent leurs pièces, les reportèrent dix mètres plus haut, sur ce plateau, les installèrent derrière un épaulement naturel, et là, tinrent bon, survécurent.

IV

Les voilà, tous les trois par rang de taille, des costumes bizarres, car dans une évasion à quatre, où pour profiter du seul avantage qu'il y ait à être nombreux, on compte bien ne pas se cacher toujours, on ne peut garder le costume militaire. Nux, qui est tailleur, nous les a confectionnés dans la journée — car c'est ce matin que notre résolution a été prise — avec des défroques de paysans et de soldats bavarois achetées à des camarades qui se les étaient procurées Dieu sait comment. Seulement chacun de nous a sur lui quelque pièce essentielle de son costume de soldat français, dissimulée autant qu'il se peut. C'est pour le jour de la rentrée en France. Des poches partout et pleines! J'en passe l'inspection; tout y est; les couteaux, la ficelle, le pain et quelques rations de viande bouillie économisées ou achetées à de moins affamés; de l'argent aussi, car il en faudra, une fois en Autriche[1].

1. Burdeau avait fait l'expérience de l'impossibilité de fuir par la frontière suisse, trop bien gardée. Il avait décidé de se diriger vers la frontière autrichienne, beaucoup plus éloignée. La seconde tentative était par conséquent beaucoup plus périlleuse que la première, et il paraissait tout d'abord qu'elle dût avorter. Mais à dix-neuf ans l'audace ne calcule pas les distances.

— Ainsi tout est bien réglé. Un dernier mot : il est temps encore de se dédire. Personne n'a de regrets?

— Non, dit Poichet.

— Partons, dit Nux.

Nous quittons nos souliers pour les pendre à nos ceintures, par derrière, car il faut marcher sans bruit et ramper sans embarras. Nos bâtons sont placés de même. Bouvier, mon brave brosseur, nous serre la main. Il éteint la lampe, puis doucement, avec des précautions infinies, il entr'ouvre la porte, passe la tête : ténèbres épaisses! Il pleut. Pas de sentinelles volantes auprès de la baraque.

L'un après l'autre, nous nous glissons dehors; sous nos pieds nus, les cailloux restent muets. Glissant le long des baraques et dans les intervalles qu'elles laissent entre elles, filant d'un pas leste, amorti sur la terre à demi détrempée, nous arrivons à la barrière à l'endroit choisi durant le jour. Elle est composée de très forts pieux, de grands sapins fixés à l'aide d'énormes clous le long de deux traverses horizontales, l'une à un pied de hauteur, l'autre à six ou sept pieds; un de ces pieux a été décloué par en bas; il a suffi d'une petite barre de fer, volée à des ouvriers bavarois et qu'on se repasse pour des ouvrages de ce genre; introduite entre deux sapins en manière de levier, elle a été maniée plusieurs heures durant, à la barbe des factionnaires, par un soldat qui nonchalamment s'adosse à la barrière et là se dodeline d'avant en arrière, en causant avec un cercle de camarades. Le pieu maintenant est soulevé, une petite brèche s'ouvre au delà.

Au delà, le chemin de ronde, éclairé, tous les cent pas, de lampes à pétrole munies de réflecteurs, plantées contre les baraques. Sous chaque lampe une sentinelle. Les deux nôtres de gauche et de droite n'ont rien vu encore.

V

Faure, le premier, s'engage. Au petit bonheur! A plat ventre sur la traverse d'en bas, il se laisse couler sur le chemin. La terre, crayeuse, fait ressortir son corps, grosse tache brune qui s'avance. Il va se faire voir! Mais non, il a traversé; et le factionnaire, qui maintenant pousse ses cent pas de notre côté, garde son air insouciant.

Nous nous aplatissons derrière la barrière; il passe; sur ses talons, Poichet file. A-t-il bondi? A-t-il glissé? La chose a été instantanée, et n'a pas fait un frémissement.

Dix minutes d'attente. J'arrive le dernier.

Après le chemin, la terre, récemment remuée, était brune. C'est ce qui nous fait choisir ce passage. A plat contre le sol, je cherche à voir, à quelques mètres un peu en avant, une ombre qui rampe; c'est un des nôtres. Le reste, disparu.

Mais chut! un bruit de pas, cadencés, lourds. On va relever les factionnaires. Il est donc déjà minuit. A trente pas, je vois la seconde ligne des sentinelles, dans leurs guérites de paille, tournées parallèlement au chemin de ronde, et non pas face au camp, de façon à ce que le factionnaire voie tout ce qui sort, et puisse du regard l'accompagner jusqu'à la grand'route qui sert de second chemin de ronde. A l'entrée de chaque guérite, le caporal abouche les deux hommes : derrière lui, cinq ou six soldats. Le tout dure une minute. Ils s'éloignent; le moment est bon. C'est celui où la nouvelle sentinelle, prenant possession du poste, quitte son sac, et endosse la capote de rempart. Très occupée, la sentinelle. Me rasant à terre, sur les genoux et les coudes, presqu'à perte d'haleine, je file; puis, époumonné, je m'affaisse; j'ai fait ainsi cent mètres, aussi vite probablement qu'un homme marchant debout.

VI

Justement un pas lourd, pressé, point timide, arrive à ma gauche. Je me fais petit, et cherchant à terre, je ramasse un caillou : la plaine, un ancien lit du Lech, en est jonchée. Un grand corps passe, lancé au galop; j'ai reconnu les jambes de Nux et bientôt son rire, qu'il tâche d'étouffer. Il a passé derrière un factionnaire, tout près, à le raser du coude. Son élan l'a d'un coup entraîné jusqu'au pied de la grand'route en talus. On s'y trouve au complet.

Collant son oreille aux accotements, Faure écoute. La route est libre au loin : rien qui signale ces patrouilles à cheval si redoutables. Mais, en traversant le chemin qui surplombe, il faut éviter de se rendre visible à la seconde ligne des factionnaires du camp. A plat ventre et en avant! Nous commençons à devenir d'une assez jolie force à cet exercice.

Le reste est aisé. Une petite erreur dans notre estime nous fait donner du nez contre un immense mur blanc, clôture d'un couvent qui a été utilisé pour former une partie de la dernière enceinte du camp. Nous nous replions. Enfin nous voilà devant Lechfeld. Un vrai traquenard que ce petit village : la route, le soir, est fermée d'une barrière de quelques poutrelles pourries, avec un passage sinueux au milieu; de chaque côté, le long des maisons, deux fossés, deux égouts naissants, déjà riches en tessons de bouteilles.

L'un de nous a étudié le paysage. Sans rien briser, sans heurt, nous nous traînons dans la rue. Là, bâton en main, et jambes au cou. Le chien du poste aboie, nous poursuit quelques pas, se lasse; tandis qu'il rentre au chenil, nous allons nous abattre sur le revers de la route, à trois cents mètres des maisons.

— Quel pays! grogne le marin. Les chiens y sont aussi fainéants que les maîtres.

C'est le premier mot échangé depuis notre sortie de la baraque. On se serre les mains. Jusqu'ici tout marche à souhait, « classiquement », dit Poichet. Maintenant c'est l'espace ouvert. La grand'route, il ne s'agit plus que de la suivre jusqu'au milieu de ces belles montagnes neigeuses, les Alpes du Tyrol, qui, dans le sud, se dressent depuis cinq mois devant nos yeux, nous apportant à cent cinquante kilomètres de distance, par les beaux jours clairs, toutes les tentations de la liberté. Sur nos têtes, le ciel invisible, qui distille une pluie menue comme un bain glacé; mais elle nous enveloppe comme d'un voile mobile, elle nous rassure.

A droite et à gauche sur les hauts seigles, elle fait entendre son bruit monotone, le reste est muet. Le chemin est bien à nous; nos pieds, enfin chaussés, sonnent sur le cailloutis comme pour en prendre possession. Deux par deux, d'un pas élastique, ce pas du soldat français, « cette danse inimitable d'une gaieté entraînante », qui enchante Michelet, nous voilà lancés. Les souvenirs du régiment renaissent; on rit presque. Faure grogne une marche à effaroucher les cantinières. Nux remarque d'un air profond que la nuit est bien belle pour les voleurs.

— Si seulement nous en rencontrions quelques-uns!

— Baste! dit Poichet, que t'importe!

— Tu en parles à ton aise, toi qui es riche. Mais moi qui n'ai pas trente kreutzers en poche ! J'aurai besoin de faire un emprunt. C'est ça qui me poserait une fois en Autriche !

VII

Ce n'est pas un voleur que nous rencontrons, mais un ivrogne, un soldat bavarois, qui d'abord tombe sur Faure, veut l'embrasser, et pour récompense n'obtient qu'une effroyable bourrade, signée d'un juron de Marseille qui sent son cru. La bourrade lui fait mettre sabre au poing, mais au juron, comme éclairé soudain, à moitié dégrisé, il détale de son meilleur pas. Nux reproche à Faure son fâcheux caractère, il eût été si facile de s'adjoindre, pour le reste de la nuit, ce gai compagnon : cela eût enlevé à notre promenade un peu de sa tournure par trop prosaïque. Un bruit de grelots, de roues, de voix, lui coupe la parole. Vite, en bas, dans les seigles. Et blottis dans les hautes tiges mouillées qui se replient sur nous, nous voyons arriver, se profilant sur le ciel qui commence à se dégager, une haute voiture de foin escortée de plusieurs hommes. Au sommet, nos trois évadés de la soirée parlent entre eux à haute voix.

— Je te disais bien que cette sacrée maison, avec ses chiens, ne valait rien pour nous, ils y ont mis un poste, les gredins !

Merci, camarades ! L'avertissement ne sera pas perdu et votre mésaventure nous servira de leçon. Vous ne saurez jamais ce que nous vous devons. Eux passés, nous nous groupons. Il est clair que non loin de là se trouve tendu quelque traquenard. On n'avancera qu'avec précaution, à la file, et à de bonnes distances. Nux, le plus leste, en avant; les autres prêts à l'appuyer, car dans les grands moments on ne se séparera pas.

Mais ces précautions sont superflues. Au bout d'un kilomètre, une lumière se montre. Puis ce sont des aboiements. Nous nous jetons sur la droite et par un vaste demi-cercle nous évitons le péril. Revenus sur la grand'route, nous triomphons. Seul, Faure n'est pas content, il grommelle contre les chefs français, qui ne savent pas éclairer leur route, et qui iraient donner dans tous les panneaux. Il a raison, ce brave Faure; sans nos trois « éclaireurs involontaires », comme les appelle Nux, nous aurions eu du mal à nous en tirer. Au reste, là n'est pas la cause de sa méchante humeur : la vérité, c'est qu'il n'est pas encore consolé de n'avoir assommé qu'à moitié son Bavarois de tout à l'heure.

Nous le calmons, en lui faisant entrevoir entre nous et la frontière encore une épaisseur de cent cinquante kilomètres de bedaines bavaroises! Cette idée lui rend la sérénité d'esprit, juste à temps pour apercevoir le sentier qui à gauche va nous permettre de traverser le Lech sans passer sur le pont de Landsberg, avec son poste; une souricière où plus d'un camarade s'est fait prendre.

VIII

Le pont traversé, nous tombons en plein dans un village[1], impossible de l'éviter, les maisons venant jusqu'à la berge, très escarpée ici. Le chemin, devenu rue de village,

1. Kaufering.

tourne à droite et monte le long d'une rampe assez raide. Les maisons, faites de torchis encadrés dans des chevrons, en figures bizarres de damier, avec des toits aigus, pressées, épaulées familièrement, auraient sans doute pour le premier venu tout simplement cet aspect original, honnête et rassurant des vieilles demeures humaines. Nous, pour qui chacune d'elles contient quelque ennemi, quelque paysan *Franzosenfresser* (mangeur de Français), encouragé à notre capture par la prime[1], il nous semble marcher dans une avenue d'espions.

Pour comble, le village, qui sans doute n'a qu'une rue, ne finit pas. Qu'un chien se réveille, et dans ce long boyau obscur, aux détours imprévus, encombrés de charrettes, nous voilà embarrassés, cernés, acculés.

Pourtant on n'entend rien : pas une fenêtre qui s'ouvre, pas un chien qui donne signe de vie. Nous voilà au grand air, sans le moindre encombre. La rue s'élargit en une grand'route, puis s'évase en une vaste place, mal aplanie. Elle tourne encore une fois à droite, puis le sol se dérobe par une pente brusque; le chemin cesse là. Un fossé, sans doute !

Quelques poutres semblent jetées là provisoirement pour permettre le passage.

En ce moment, je tiens la tête; par prudence, je n'avance sur une poutre qu'en chevauchant avec lenteur. Bien m'en a pris; après quelques mètres, l'air vif qui tout à coup m'arrive en flanc, le bruit soudain des grandes eaux, surtout la poutre qui brusquement cesse... Je comprends ! Ce n'est pas un fossé, c'est le Lech qui est là, à cent pieds peut-être au-dessous de nous, et ces poutres, ce sont les échafaudages d'un pont en construction.

Nous rebroussons. En touchant le sol, je m'aperçois que

1. On disait que cette prime était quatre thalers, somme considérable pour un paysan bavarois. J'ignore d'où venait ce renseignement.

tout mon corps tremble. Quelque traînée de lumière blafarde, première annonce de l'aube, nous fait découvrir plusieurs baraques, les dépôts d'outils. Mais notre chemin? Faure ne reconnaît plus rien. Voici la gueule d'un tunnel[1]. Ce n'est plus une issue, cela. Il faut sortir pourtant : ne se peut-il pas qu'il y ait par là quelque gardien de chantier? En tout cas, encore quelques moments, le jour va éclater, et les ouvriers arriver.

IX

Enfin, un petit sentier, à peine frayé, m'apparaît; à tout hasard nous montons. En haut, nouvelle difficulté : presque au bord de la montagne, on a creusé un puits communiquant avec le tunnel : le sentier passe entre l'abîme et le trou. Faure chancelle. Poichet le retient à temps. Avec peine nous traversons encore ce mauvais pas. Au delà le chemin recommence, et Faure s'y reconnaît.

Un coup de schnaps pour célébrer ce succès et pour nous donner des jambes. Nous en avons besoin, il nous faut dépasser Sandberg avant le plein jour. Nous prenons le pas de course, un pas de course boiteux, tel que le permet le sentier raboteux, inégal, bordé à droite par le Lech qui de sa profondeur nous envoie des bouffées d'humidité et de bruit, à gauche par la vaste plaine, garnie de hauts seigles, et tout à coup, au loin, éclate un incendie. Poichet et moi, sans ralentir le pas, nous l'admirons : le spectacle est vraiment splendide. Faure se frotte les mains avec bruit et nous dit :

1. Ligne récemment construite de Fursambruch à Igling.

— Tant mieux : pendant qu'ils font la chaîne, ils ne nous espionneront pas.

En trois quarts d'heure de cette allure, nous voilà près de Landsberg ; une double tour, qui se dresse devant nous soudain, nous avertit.

Nous prenons à gauche à travers les enclos, les jardins, trouant les haies, sautant les murs, effrayant les chiens, brisant quelques cloches à melon. Que doivent penser de ce fracas et de ces quatre démons les braves Landsbergeois en villégiature ? Il y aura du bruit, demain, dans ce Landerneau bavarois.

Enfin voici un bois de jeunes taillis ; nous nous y enfonçons ; à quelques centaines de mètres de profondeur, de vieux arbres ont laissé entre eux un espace de quelques pieds carrés, où les nouvelles pousses trop ombragées ne peuvent prendre.

— Une alcôve ! s'écrie Nux.

Et nous nous couchons, l'un de nous faisant faction.

X

11 juin. — L'alcôve était froide et avec nos habits pénétrés par la pluie et par l'humidité des seigles, bientôt nous y avons grelotté. Heureusement un beau soleil est venu nous réjouir et nous réchauffer ; les oiseaux chantaient autour de nous. Tandis que nous savourions notre villégiature, Faure, guidé par de certains pépiements, a disparu quelques minutes pour revenir avec deux nichées de jeunes oiseaux.

Grâce à un petit feu qui, sans trop de fumée, nous a

bientôt donné des cendres rouges, cela fait un léger supplément à notre dîner. Il faut être économe : avec cette rude marche et l'appétit qu'elle éveille, que vont durer nos provisions? Une livre et demie de pain, un gros morceau de bouilli ou de lard, une demi-livre peut-être, voilà tout notre approvisionnement. Et de le renouveler, il n'y faut guère songer.

Le jour s'écoule vite. Une seule fois notre retraite est inquiétée: nous nous enfonçons dans le fourré. Des pas s'entendent non loin de nous; mais ce n'est pas à notre clairière qu'on en veut: ils s'éloignent. Et nous rentrons dans notre chez nous, Faure en tête, maniant un gourdin neuf qu'il s'est déjà taillé dans sa cachette et jetant partout un regard de propriétaire jaloux et malcontent.

XI

La nuit à peine tombée, notre caravane reprend sa course à travers une haute futaie : une sapinière silencieuse où le haut tapis brun-rouge d'aiguilles amoncelées étouffe les pas, tandis que la haute colonnade noire, portant à soixante pieds le toit épais, impénétrable, qui ne s'ouvre que par découpures franches, pareilles à des fenêtres gothiques, me fait baisser la voix, imposant, même à nous, un silencieux respect. Un écureuil qui passe entre deux branches sa petite tête spirituelle achève de me rappeler les *Pins*, de Pierre Dupont :

En bas, ce sont des lapins gris,
En haut, un écureuil rougeâtre,
Qui ronge, avec de petits cris,
La pomme qui fait flamber l'âtre.

Nous reprenons la route : le crépuscule l'éclaire encore ; un village se présente : nous le traversons de notre air le plus gaillard. A la sortie, un bon vieux, trompé sans doute par ma casquette de soldat bavarois, nous salue de son « *Guten Tag* » ; je lui réponds : « *Gute Nacht* », tandis que Nux lui serre la main avec un sonore : « Bonjour, ma vieille ! » L'homme reste ahuri, appuyé sur son bâton, nous regardant dévaler la côte. Nux rit de sa gaminerie ; mais il rit seul. Sa plaisanterie gâte notre sécurité : sur cette grand'route, les gendarmes « en correspondance » ne peuvent manquer de passer bientôt : le vieux les avertira. Voilà une route désormais dangereuse. Heureusement, elle passe au milieu de bois profonds où il est facile de disparaître.

Jusqu'au matin, pas d'incident. A l'aube, las, nous entrons dans la forêt. A peine sommes-nous installés, Faure pousse un cri d'alarme : nous sommes dans une coupe. Les bûcherons peuvent survenir d'une minute à l'autre : justement déjà on entend des voix dans les profondeurs de la forêt. Il faut sortir, reprendre la route. Cependant le jour se lève ; une voiture publique vient à nous ; nous voilà à nous jeter dans les champs, à fuir à tout hasard. Un talus très élevé nous barre le passage ; nous le gravissons ; au sommet, c'est une voie ferrée. A cent pas, une cabane de gardien ; l'homme sort, nous fait signe de ne pas traverser ; le saut est déjà fait et nous sommes disparus sur l'autre pente que l'homme fait encore ses grands bras.

Encore quelques kilomètres de cette course. Il faut pourtant s'arrêter : le soleil monte. Plus de bois autour de nous, rien que des prés, nus, plats comme la main. Pas d'abri. Si, cependant ; une baraque sur notre droite, une de ces baraques à foin, fermées par devant jusqu'à six pieds de haut, et, pour le reste, faites de planches, à dessein mal jointes, qui laissent circuler l'air afin d'empêcher la fermentation des herbes. Nous escaladons la devanture.

XII

Hélas ! Ce n'est pas la fin de nos peines. Faure s'aperçoit que dans cette course désordonnée sa poche aux vivres s'est vidée. Il se tait d'abord, se rencognant dans sa place, tandis que nous commençons à manger. Son secret est bientôt deviné : de gré, de force, il partage nos provisions. Hélas ! c'est peu de chose : du pain, moins gros que notre poing : un peu de *schnaps* nous reste encore. Notre repas est dérangé presque aussitôt : des enfants jouent dans le pré, non loin de notre baraque. On se colle à terre, contre les poutres qui servent de base aux quatre parois, et l'on se croit bien caché. Mais voilà qu'un grand diable de fille enjambe la devanture. Elle nous aperçoit, et, dans un grand éclat de rire, crie :

— *Jagern !* (des chasseurs).

Ce cri, qui devrait nous rassurer, nous effraie, comme si notre uniforme avait été reconnu.

Nous bondissons hors de notre cachette, et, dispersant la bande joyeuse qui s'effarouche, nous recommençons notre fuite.

C'est pour aller, à cinq cents pas plus loin, à la traversée d'un chemin creux, qui brusquement nous coupe la route, déboucher au milieu d'une procession défilant lentement, prêtres en tête. Tohu-bohu prodigieux ! Dévotes, suisse et porteurs de dais, tout se disperse. Avant que les hommes (il n'en manque pas dans les rangs) aient songé à se lancer sur nous, la pente opposée est gravie d'assaut, dépassée : nous détalons, toute la bande à nos trousses, au milieu de cris bizarres : ces imbéciles-là doivent nous prendre pour des sacripants. Heureusement un refuge, un bois, apparaît non loin de là. Nous nous y précipitons, et, à travers des taillis, des futaies, parmi les vallées, les ruisseaux, les collines, nous arrivons à une clairière bien silencieuse, où enfin une nouvelle baraque à foin nous permet un instant de repos.

XIII

12 juin. — Triste fuite ! nous sommes allés nous embourber dans des marais[1] où j'ai laissé mes souliers, et où nous avons eu bien peur tous de laisser quelque chose de plus. Nous n'aurions pas été les premiers à faire une fin aussi peu bruyante : au camp de Lechfeld, on se raconte parfois l'histoire d'un pauvre diable, un sous-officier de tirailleurs algériens, qui, aux fêtes de Noël, est allé périr près de Kempten, sur la route de Suisse, dans une fondrière, sous la neige, où on l'a retrouvé gelé quelques semaines plus tard.

D'épuisement, nos provisions étant presque à bout, nous nous décidons à entrer dans une scierie : elle est isolée, nous sommes quatre, que pouvons-nous craindre ?

Au premier pas, dans la cour, deux énormes chiens de garde viennent nous recevoir : pas un aboiement ! mais le respect qu'ils nous inspirent n'en est pas diminué.

Dedans, un brave homme à la figure débonnaire, sa femme auprès de lui, nous fait accueil.

— *Essen, trinken* (manger, boire).

C'est tout ce que je sais leur dire.

1. Probablement ceux que l'Ammer forme au S.-O. de Weilheim.

Il n'en faut pas plus; une grande jarre de lait, du bon pain noir, se trouvent devant nous en un instant.

Ces bonnes gens nous regardent manger d'un air attendri : c'est à se croire de retour en France. J'offre un thaler; l'homme le prend, le met dans ma main qu'il ferme de sa poigne robuste.

Il y a des vertus qui n'ont pas de patrie. L'hospitalité et la délicatesse sont du nombre.

Ils nous questionnent en leur patois : où nous allons? « *Nach Oesterreich!* » (En Autriche!) Et nous leur montrons le sud.

Ils ont deviné qui nous sommes.

XIV

13 juin. — Nous avons marché, hier, la journée entière, à travers les bois, cherchant quelque route. A l'entrée de la nuit, la lassitude nous a tous vaincus, forcés de chercher un peu de sommeil dans un hangar à foin. Après deux heures de repos, la faim nous a réveillés; nous avons partagé nos dernières petites provisions. Tout étant fini, il fallait bien se remettre en marche, atteindre à tout prix la frontière.

L'aube nous a enfin montré une route : nous la longions, à quelques cents mètres à peine, sans nous en apercevoir. Elle court à peu près vers le sud. Nous n'y entrerons toutefois qu'à la nuit tombante; nous sommes trop fatigués, le grand jour est trop proche pour continuer sur-le-champ. Il a plu; mais sous ces sapinières, il suffit de creuser un trou, dans les aiguilles dont le sol est formé, pour avoir un abri sec. Faure s'écarte, revient avec de l'eau dont il baigne mes pieds ; mes talons, sur ce terrain singulier, au milieu des glissades qu'il faut à chaque instant faire sur ces rudes pentes, ont bientôt été à vif.

La journée s'écoule ainsi : Faure et moi, nous allons en détachement, tenter une expédition dans une ferme isolée au milieu de ces bois. Dans la salle basse, toute sombre avec sa rangée de stalles de bois noir collée au mur, au bruit du bâton dont l'un de nous frappe la grande table de chêne, accourent trois femmes. Après un peu d'émoi, l'une, qui semble comprendre notre détresse, sort et revient avec un morceau de pain, une croûte oubliée dans la huche, un cadeau qui ne fera guère tort, j'imagine, qu'au chien de la maison. Pour obtenir mieux, je montre un *gulden* (2 fr. 15), je fais le signe de l'échanger, je l'offre : la femme le prend, le met dans sa poche et refuse de rien comprendre. Faut-il lui ouvrir l'entendement avec des gestes plus clairs ? Poussés à bout, nous faisons mine de serrer nos bâtons ; voilà nos trois mégères envolées dans une chambre voisine, la porte refermée sur elles. Ce serait un siège en règle, maintenant, pour arriver jusqu'à elles. Autour de nous, rien à prendre. A l'étable, pas de vache ; de basse-cour nulle part. Il faut partir, revenir au campement avec cette pauvre croûte de pain. Je fais le partage avec une exactitude méticuleuse : y a-t-il une balance de précision qui vaille, en pareil cas, les yeux de quatre affamés ?

XV

14 juin. — Encore une nuit passée en marche. Jusqu'à minuit, l'estomac tiraillé, nous nous sommes traînés lentement, faisant halte à chaque ruisseau; de boire, cela trompe la faim. Mais voilà que nous rencontrons une borne, une de ces épaisses bornes de quatre pieds de haut, comme on en voit dans ce pays. Avec mes doigts, je tâte : il y a une inscription. Vite une allumette; nous faisons cercle, abritant de nos corps, de nos vêtements, la flamme qui tremblote : MITTENWALD, 8 *Stunden*. Mittenwald, c'est-à-dire la dernière ville bavaroise, celle où il suffit de quitter la route et de se lancer, sur la droite, dans les sentiers de chèvres de la montagne pour franchir la frontière! 8 *Stunden*, 8 heures pour les Bavarois. Pour nous, cinq à peine. Demain soir, nous toucherons la terre d'Autriche! Ainsi, à travers toutes nos courses, dans ce pays inconnu, durant quatre jours et cinq nuits, nous avons tendu vers le but incessamment, sans nous tromper.

Qu'est-ce que le reste, maintenant? L'espérance nous pénètre tous : à travers la nuit, qui est sombre, nous sentons que nous rayonnons de joie. Nul ne dit une parole, mais au dedans de lui, chacun n'entend plus qu'un mot : liberté! Et ce mot qui remplit nos âmes et nos oreilles, il semble qu'il retentisse autour de nous, qu'il nous enveloppe tous quatre comme une atmosphère qui fortifie et qui exalte.

Le tout est l'affaire d'une minute. Nous reprenons notre marche, cette fois, droits et d'un pas ferme, du pas dont nous quittions le camp l'autre jour. A peine nous dérangeons-nous une minute pour laisser passer une voiture qui vient à notre rencontre; tapis dans un champ en contre-bas, nous la voyons arriver. C'est un char à bancs, chargé de deux ou trois hommes, et qui tout à coup (sans doute ils ont vu ces quatre taches noires alignées auprès de la route) s'enlève, sous un violent coup de fouet, de tout le galop d'un lourd cheval de labour.

L'aube, chaque jour plus prompte à venir que la veille, apparaît bientôt, trop tôt à notre gré. Justement, à une descente, elle nous montre une ville. Peut-être pourrons-nous passer avant le grand jour.

Car il faut traverser. Faure, qui a entendu parler de ce dernier obstacle, l'assure du moins.

— Et pourquoi ne la tournerions-nous pas?

— Parce qu'il faudrait tourner l'un des lacs, et pour cela revenir sur nos pas, dans un pays où déjà les gendarmes doivent être prévenus... Et puis, où trouver des forces pour une telle course?

— Mais ne peut-on passer entre l'un des lacs et la ville?

— Les deux lacs se rejoignent au delà (c'était une erreur), les maisons nous cachent la position; il y a là un pont où il faut à tout prix passer.

En avant donc! Et nous dévorons la route. Nous voilà dans la Grand'Rue. Pas de boutiques: des fenêtres murées de grilles ventrues, voilà les rez-de-chaussée. A peine une ou deux portes ouvertes. Mais plus loin, sur la place, d'où une fontaine nous envoie déjà son glou-glou, elles sont plus nombreuses; une servante, cotillon court, bras nus, sort d'une maison; Poichet hésite, s'arrête.

— Nous allons dans un guêpier, souffle-t-il tout bas.

— Nous sommes f...., répond Faure, il ne fallait pas barguigner! rebroussons!

J'essaie de les entraîner quand même, je ne réussis qu'à obtenir une retraite en bon ordre, d'un pas tranquille, qui n'excite pas la curiosité. Une fois aux dernières maisons, on se consulte. Mon avis est qu'il faut, coûte que coûte, traverser ; quand deux ou trois de ces poussahs viendraient à se réveiller, n'avons-nous pas nos jambes?

Mais Faure vient de découvrir, sur notre droite, un chemin creux qui paraît contourner la ville : s'il passe par les faubourgs, il est plus sûr pour nous. Nous nous y engageons ; le chemin bientôt se creuse, et, au bout de quatre cents pas, débouche au fond d'une carrière.

Cette fois, c'est au pas de course que nous revenons à la grand'route ; deux kilomètres plus loin, nous nous jetons dans les prés, car la campagne ici est nue. Le soleil cependant s'est levé. Nous cherchons asile dans une baraque à foin.

XVI

A travers les planches mal jointes, nous voyons passer des gendarmes, au pas de leurs mauvais petits bidets, à moitié endormis en selle, leur schapska en toile cirée dodelinant d'avant en arrière. S'ils nous cherchent, ils attendent visiblement que nous venions les prier de nous prendre.

Aussi, tandis qu'ils vont, viennent, à cent pas de notre abri, nous y prenons notre somme. Pénible sommeil, au reste, et qui ne dure guère. Au réveil, on boit un coup d'eau, car nos gourdes sont pleines ; on fouille ses poches pour rassembler les dernières miettes. Une petite croûte de pain, d'une once à peine, que Faure découvre logée dans la doublure de son paletot, un très léger paquet de tabac allemand qui se trouve dans ma poche, c'est tout le fruit de nos recherches. Heureusement que Faure et Nux disent préférer le tabac : ils le mâcheront, voilà deux jours qu'ils en étaient privés; cela dure plus que le pain et soutient mieux. Poichet et moi, nous acceptons le troc sans plus chicaner. Est-ce bien un troc pourtant? Je ne me souviens pas d'avoir jamais vu chiquer le brave Nux; et ce qu'il a fait de sa part de tabac, je ne le vois point. L'excellent garçon nous aurait-il trompés? Je l'en sais bien capable. D'y penser, les larmes me viennent aux yeux et je rougis. Nous échangeons un regard : je ne me trompais pas. Je ne trouve rien à lui dire, mais à quoi bon? Il m'a compris et il me sourit d'un air heureux.

Parfois des paysans, des enfants surtout, rôdent jusqu'à dix pas de nous. Mais au milieu du jour la chaleur lourde chasse tout ce monde, fait la solitude autour de notre baraque. Dans notre cahute, la conversation s'engage; on parle de Paris qui est insurgé et qui a été brûlé de fond en comble.

XVII

... Ces causeries, ces souvenirs nous conduisent jusqu'au soir. Le soleil, une fois couché — de l'autre côté du lac, qui resplendit un instant dans les Alpes, dont les glaciers un à un s'allument et s'éteignent — tandis qu'on s'apprête à partir, Poichet, en pâlissant, baissant la tête, d'une voix presque honteuse, parle de descendre dans l'un des villages qui bordent le lac.

— Le paysage est très joli... Les fritures y doivent être bonnes.

Il essaie de rire. Le pauvre homme! Ses jambes tremblent sous lui; dans ses yeux flambe le feu de la fièvre.

Nous nous taisons pourtant... Mais lui, qui sous ce

silence sent bien la résistance, le refus, parle toujours.

— Nous sommes quatre... Et puis nous avons nos bâtons... Allons, ce n'est qu'un moment de retard...

La faim lui fait une voix chevrotante. Il faut cependant répondre.

— Vous savez bien que c'est impossible, Poichet! Se mettre dans la gueule du loup! C'est une reddition nouvelle, avec ses hontes et ses misères : le voyage à travers les villes ennemies, sous les huées; l'emprisonnement dans quelque casemate où l'on pourrit ; l'évasion désormais impossible, la captivité sans terme prévu... Et cela quand nous sommes à deux pas de l'Autriche! Quelques heures de courage, c'est donc beaucoup vous demander? Cette nuit, avant le milieu de la nuit, nous sommes libres!

Mais lui, qui n'entend que le cri de son estomac en détresse, a déjà sauté hors de la baraque, il descend la pente qui mène au lac.

— Nous avons juré de ne pas nous abandonner : il est le plus affaibli ; à quatre, on peut réussir à se tirer d'un mauvais pas.

Sur cette réflexion, nous le suivons. A travers les vergers, sautant les petits murs, roulant sur les cailloux ronds, nous dévalons jusqu'au village (Seehausen).

Au bas de la côte, à l'entrée d'une petite ruelle qui va déboucher dans la rue principale, nous nous arrêtons tous quatre, saisis par un spectacle étrange : en face de nous, à trente pas, par une porte large ouverte comme un cadre lumineux découpé sur le fond sombre d'une vieille maison, une vaste salle basse, toute rayonnante de la lumière un peu jaune des cierges : au milieu, dans le grand lit, une tête de malade, de mourant, dont la pâleur se confond avec la blancheur des draps ; tout autour, des enfants en surplis, un groupe d'hommes et de femmes agenouillés, et, au-dessus d'eux, seul debout, grandi par cette attitude prosternée des autres, un prêtre dont le chuchotement triste, dans ce profond silence que font la nuit au dehors et la mort au dedans, parvient jusqu'à nous. Nous passons, chapeau bas, et songeant pourtant que, dans ce moment de deuil, l'auberge doit être plus solitaire, plus abordable pour nous.

XVIII

Il n'en est rien : dans la salle, où l'on arrive par un couloir étroit, au fond, sous une lampe à pétrole dont le verre graisseux semble salir la lumière, quatre ou cinq gaillards causent entre eux, à demi étalés sur la table, les coudes en avant, le nez sur leurs chopes, comme s'ils dialoguaient avec la bière.

Nous entrons cependant, nous restons debout, autour de la table la plus voisine de la porte.

La maîtresse est accourue au bruit ; sur la demande que je lui adresse, après avoir rassemblé tout ce que je trouve d'allemand : *meine Frau, Brod*, *Eier*, *Bier*, elle nous apporte de ces tout petits pains ronds, blancs et fades, qui, là-bas se mangent dans le café au lait, des œufs durs, et pose devant chacun de nous un « maas » de bière, presque un litre.

Je mets un thaler sur la table. La bière est avalée d'un trait. Je fourre dans ma poche ma part de vivres. Mais Poichet, qui s'est laissé choir sur une chaise, tout amolli déjà de cette rentrée dans la vie civilisée, avec un sourire contraint sur les lèvres, s'installe, veut demander un second maas. Faure lui prend le bras :

— Vous nous perdez, Poichet.

Cet instant de lutte a suffi : l'un des hommes, que j'avais déjà remarqué — il semblait causer de la campagne de France, de nous peut-être, et nous jetait des regards obliques — s'est glissé dehors. Enfin Poichet se lève sur ses jambes raidies : est-il temps encore?

Déjà des clameurs se font entendre dans la rue. Nous nous précipitons, Nux en tête ; l'entrée du couloir est barrée. Nux et Faure, d'un furieux élan, renversent tout ; sur leurs talons, tête baissée, j'arrive au milieu de la rue ; nous voilà dégagés.

Mais Poichet? Nous nous en apercevons alors ; il n'a pu suivre.

— Revenons, nous ressortirons tous par le jardin, dit Nux qui a remarqué une double sortie.

Rentrés, nous nous trouvons refoulés par nos agresseurs, qui se multiplient et déjà sont en foule. Dans le couloir, la poussée, devenue irrésistible, menace de nous écraser ; nous rentrons, presque projetés par la bousculade, dans la salle. La foule nous y suit, hurlant, brandissant des bâtons. Massés dans un coin, retranchés derrière une table, qui bientôt est enlevée, nous armant alors de tabourets, grâce aux immenses bras de Nux, à la mine de Faure, effroyable en ce moment, nous réussissons à faire, à maintenir un cercle d'espace libre entre nous et ces brutes furieuses, qui se contentent de nous insulter à distance.

Seul, l'auteur principal de notre désastre, que ses camarades appellent *der Baecker* (le Boulanger) s'approche et, de sa main tendue, fait le geste de me caresser, comme à un petit enfant, mon menton sans barbe.

Je lève en l'air mon tabouret, mon brave recule et se remet à faire sa partie dans le chœur dont nous régalent ses dignes amis et où les *schwein* et les *speck* se détachent sur un fond d'épithètes moins claires pour nos oreilles peu familiarisées avec cette musique allemande.

Cela dure une demi-heure, et nos concertants ne paraissent pas se fatiguer. L'arrivée des gendarmes nous apporte un peu de calme ; le brigadier, gros homme pansu, à figure débonnaire, ses quatre hommes sur deux rangs derrière lui, vient se poser en face de nous ; il essaie un interrogatoire, à l'aide de quelques mots : *Franzosen*, *Gefangenen* (prisonniers) *Lager* (camp) *von Lechfeld*, je le satisfais dans la mesure de nos convenances. Il demande nos noms : je ne comprends pas. A quoi bon aider à reconnaître ceux d'entre nous qui ont déjà quelques escapades à leur actif?

Le brigadier alors, de sa baguette qu'il enfonce dans le canon, nous montre que son fusil est chargé. Compris.

Une dernière formalité : les menottes.

Nous connaissons tous déjà l'instrument; néanmoins, à ce coup, nous jetons un regard sur Poichet.

Le pauvre garçon a des larmes dans les yeux ; à travers sa barbe, je vois ses lèvres trembler d'émotion. Que nous avons tort de l'accuser ! En nous liant quatre ensemble, n'avons-nous pas prévu que nous mettons contre nous toutes les chances de défaillance physique qui peuvent atteindre quatre hommes? Il a tenu bon jusqu'à la dernière lueur de force matérielle. Même au dernier moment, quand il nous quittait visiblement, il voulait aller seul, se sentant à bout, se livrer, isolé, à ces rudes paysans tyroliens.

Je me rapproche de lui ; nos mains se trouvent liées par la même menotte ; je serre la sienne, et pour essayer de rire :

— Deux universitaires à la même chaîne, lui dis-je, voilà qui a encore son originalité.

XIX

Dix minutes après, dans la nuit noire, sous la pluie qui tombe drue, je me repens un instant de cet arrangement : sur cette côte escarpée, dans le sentier étroit, parmi les pierres croulantes, je vois nos gendarmes embarrassés de leurs sabres, de leurs buffleteries, chanceler à chaque pas. Une seule poussée, et je peux jeter à terre celui qui marche à ma droite en serre-file ; en trois bonds nous sommes hors de portée, mon compagnon de chaîne et moi.

Mais Poichet peut-il tenter ce coup de force, cette course effrénée, sur une rude pente inconnue, au bas de laquelle, tout près d'ici, s'étale le lac ?

Je l'interroge d'un mot : il a déjà pensé à la chose, consulté ses forces : « Plus d'huile dans la lampe ! » Il faut se résigner.

Et nous arrivons, la tête un peu plus basse encore à Murnau, notre ville du matin ; là, après comparution devant un commissaire de police ou un directeur de prison, qui a l'encolure d'un franc imbécile, débarrassés des menottes, nous entrons dans notre cachot : les gendarmes, restés sur le seuil, referment promptement la porte. A tâtons, nous trouvons quelques bottes de paille étalées à terre, et qui peut-être ne sentent pas très bon.

Sans un mot, nous tombons là, et n'ayant pas même songé à nos provisions, heureux de ces ténèbres qui nous cachent nos visages les uns aux autres, nous nous enfonçons dans un silence triste, peuplé de pensées d'instant en instant plus sombres et plus confuses, et qui se termine en un accablement, en un sommeil troublé, avec des rêves de fuite, des espérances, puis des ressouvenirs, des rechutes dans la réalité, des réveils brusques dans le cachot obscur encore plein de l'écho des soupirs.

XX

Rien de plus désolé que le retour d'un évadé ressaisi dans sa fuite, tant d'espérances perdues, de fiertés brisées! Retomber sous la lourde main du vainqueur, après avoir à plein poumons aspiré la liberté !

C'est le lendemain que ce supplice commence pour nous.

A l'aube naissante, tous éveillés, n'osant encore nous parler, pourtant nous attaquons nos provisions. Jusque-là, nous avions tenu bon : nous sentions là une sorte de compromis, une façon d'accepter la captivité, de consentir aux nécessités de la vie. Cette inévitable faiblesse qui nous est commune, nous réunit : la conversation renaît très vive, roulant sur notre aventure, gouailleuse, presque gaie parfois.

A neuf heures (on ne paraît pas matineux à Murnau) le geôlier vient nous offrir à déjeuner — à nos frais, ajoute-t-il par un geste parfaitement éloquent. — Sur notre refus, il sort d'un air grognon, rentre avec une cruche d'eau : il paraît que c'est tout l'ordinaire de la prison.

— Il faut croire, dit Nux, que les gendarmes n'arrêtent que des grenouilles.

Bientôt nous sortons. Défilé au milieu d'une haie de curieux : la population de Murnau paraît être toute là, hommes et petits garçons en hautes bottes, raides et cirées, pareilles à des tuyaux de poêle neufs, avec les culottes bleues ouvertes, aux soutaches de soie et d'or accumulées par derrière en ornements pyramidaux; femmes en bottes aussi, mais en bottes molles, avec le corsage tout raidi par les broderies métalliques.

Nous brossés, peignés, cirés (ceux qui ont leurs souliers) — le soldat français n'oublie les accessoires de toilette en aucune extrémité — mes galons d'argent posés sur mes manches, nous défilons au pas, le jarret tendu, le regard droit devant nous, au milieu de ces badauds dont nous ignorons obstinément l'existence. Si les pieds nus, les talons saignants de tel d'entre nous attirent l'attention de quelques-uns, nous ne voulons pas le savoir.

Comparution devant les autorités, dans une maison qui doit être le *Stadthaus;* quelques personnages grassouillants et paternes nous adressent des questions que nous comprenons peu, auxquelles nous ne répondons rien.

Là-dessus, dûment ficelés, on nous fait monter dans une charrette, avec trois gendarmes carabine au poing et un conducteur.

XXI

A Weilheim, première station.

Mais à quoi bon remuer les tristes souvenirs, les hontes de cette fin d'odyssée?

Un mot toutefois: je veux remercier d'abord de leur accueil le directeur de la prison de Weilheim et sa famille.

Excellentes gens, d'une bonhomie un peu débraillée, que d'abord gêne notre timidité farouche de captifs. Mon âge les a bien disposés pour nous; ils nous parlent de leurs enfants; l'un d'eux a fait la guerre, il est étudiant.

— « Moi aussi! »

Ce mot a rompu la glace; et c'est chez eux que nous passons la soirée.

Au matin, sur le seuil, tandis que les gendarmes nous ficèlent, tous sont là, le vieux père en gilet rouge, avec sa culotte à pontlevis; la maman, toute ronde, endormie encore, et, devant eux, les deux fillettes, deux enfants brunes, et qui, avec un sourire, nous demandent un souvenir. Chacun donne quelque bagatelle, mais c'est mes galons qu'elles voudraient... Cela ne se donne pas!...

Bien vite elles comprennent, elles se consolent, et c'est sur le ton sincère d'amis prenant congé, que nous échangeons un dernier *Auf wiedersehn* (au revoir)! eux pleurant presque; nous, tout remués d'avoir entrevu un moment l'image de cette patriarcale et touchante Allemagne que la France aima si naïvement et qu'elle a peine à reconnaître sous l'uniforme prussien.

Nous rentrons bientôt dans la réalité moderne.

A la gare, c'est un prêtre catholique qui s'étonne de notre tentative. Il sait un peu de français.

— Vous alliez être rapatriés.

— Eh! que disent donc alors vos officiers toujours menaçants, que nous resterons jusqu'à la fin des cinq milliards, que nous servons d'otages, et le reste! Qui faut-il croire? Arrangez-vous et mettez vos mensonges d'accord.

— Tant de jours dehors, de quoi viviez-vous?

— C'est notre affaire.

— En somme, c'est une folie de Français que cette tentative!

— N'est ce pas? Voilà une de ces folies que ne feraient jamais vos prudents Allemands!

« Pour vous autres sages, quand on a le lard et la bière, qu'est-ce que la liberté? »

XXII

A Munich, c'est la prison publique. Trois jours dans un cachot, pêle-mêle avec les voleurs, et sous les yeux, quand on veut respirer à la fenêtre grillée, la salle pleine de hurlements; où se trouvent enfermées, vautrées dans un débraillement hideux, les filles et les ivrognesses prises en flagrant délit.

Parmi les escrocs qui nous entourent, un Polonais, persécuté à ce qu'il dit, sans doute pour ses opinions en matière de jeu; intelligence remarquable, très cultivée. Il connaît bien la France, il la compare à l'Allemagne. Faut-il croire ce qu'il nous dit des mœurs de Munich ?

Cent anecdotes à l'appui rendraient la chose croyable. Le tableau qu'il nous fait de la Bavière au lendemain de la déclaration de guerre est plus vraisemblable encore. Partout un mélange singulier de résolution et de terreur, les Français, un corps d'armée au moins, allaient comme la foudre fondre sur le Palatinat, le Wurtemberg, tout saccager comme au temps de Turenne, mais ce serait tout; cet effort épuiserait le Welche, l'Allemagne était seule vraiment tout entière en armes, invincible à la longue.

Une sorte d'officier vient enfin nous faire je ne sais quel sermon en un baragouin qu'il a l'air de prendre pour du français. Je ne saisis pas un mot, seulement ceci, par où il termine, s'adressant à mes compagnons :

— Vous, six mois.

Puis se tournant de mon côté :

— Vous, treize mois.

Il s'agit de prison, j'imagine. Et si j'ai le gros lot, je le dois à mes galons...

Le lendemain c'est le transfert, la sortie de prison entre les gendarmes, jusqu'à la gare, immense baraque aux arceaux de bois peinturlurés, dorés. Elle est, pour le quart d'heure, transformée en une arche de Noë, où s'écrase une foule mugissante, grognante, joyeuse enfin à sa façon, et qui attend la rentrée d'un corps d'armée, retour de France, le corps de von Werder, si j'entends bien.

A notre vue, plusieurs assistants, qu'exalte peut-être cette journée de triomphe, sont pris d'un accès de *Franzosenfresserei*, huées, sifflets, gestes de menaces.

Nux reçoit en pleine face un cigare allumé, quelque imbécile déchire mes habits. Nos gendarmes, avec une véritable énergie, nous protègent, nous poussent dans un wagon. Il était temps.

L'histoire récemment publiée parmi nous de ces prisonniers français qui, à Mecklembourg, furent attachés aux canons français échus en partage à cette ville, nous revenait à l'esprit, et nous nous demandions si ce n'était pas assez de honte bue, et s'il ne valait pas mieux en finir, se jeter sur l'un des furieux, et se faire tuer par lui.

A Schwabmunchen, dernière station, d'où nous allons rejoindre à pied le camp; nous offrons à boire à nos excellents gendarmes qui trouvent tout naturel ce paiement de leurs services. Tandis qu'ils déjeunent afin de mieux boire, nous restons étendus à terre, bien tristes; le chef de gare nous exhorte à nous rafraîchir; il essaie de nous consoler.

— Tous les jours, maintenant, on rapatrie des prisonniers français, les trains ne cessent de passer.

Ce mot reste dans mon esprit et le travaille.

XXIII

C'est à ce mot que j'ai dû ma délivrance si prompte. C'est lui qui m'a donné le courage, une fois rentré au camp, présenté au commandant, reconnu et déposé dans la prison provisoire, de m'en évader au bout de deux jours, par une des fenêtres aux volets de bois plein, en coupant les traverses de chêne qui la maintenaient ; ce fut l'affaire de plusieurs hommes, travaillant une nuit entière, mais je fus seul à en profiter. La nuit venue, il fallait fuir du camp ; cette fois, ce fut en passant au ras du corps de garde principal.

Ce même mot me soutenait quand, dans la plaine, entre le camp et la gare, sans vivres, mangeant la nuit quelques grains de seigle mal mûr, rongeant à la fin des betteraves, passant le jour au fond de quelqu'un de ces vieux puits à sec qui alimentaient l'ancien camp (au temps du premier Empire, dit-on), et où des corps de pompe d'autrefois, des arbres creusés tout pourris, me servaient d'échelle, j'attendais, six ou huit heures de suite aplati contre le talus de la voie ferrée, si quelque train ne passerait pas, chargé de Français.

Vers la fin seulement de la troisième nuit, avec une joie incroyable, avec des soubresauts d'espérance et des tremblements d'inquiétude, j'entendis, par dessus le roulement des voitures sur les rails, ces cris, ces éclats de rire clairs et pleins, inimitables aux Allemands, qui, pour nous, sonnaient la délivrance.

Le train s'arrêtait.

En moins de rien, malgré une sentinelle que j'étourdis

de trois ou quatre mots allemands lancés en plein visage, je me blottis dans un wagon, parmi des artilleurs, accueilli, compris, caché sous les bancs, avec des soins minutieux de tous ces hommes, sans avoir eu besoin d'une seule parole.

C'est sous les bancs de ce wagon à bestiaux, côte à côte souvent avec un factionnaire qu'on relevait parfois, mais qui toujours ronflait, que je fis ce voyage, de plus de cent heures, nourri des économies de mes nouveaux camarades.

C'est là qu'à Strasbourg, à Mulhouse, vinrent me chercher, pour panser mes pieds blessés, ces infatigables Françaises d'Alsace dont la bonté, après un an de sacrifices, ne s'était pas lassée. Là aussi, ce vieil ouvrier alsacien à qui, dans une défaillance passagère, j'osai parler de la difficulté qu'aurait l'Alsace à demeurer française par le cœur, choyée qu'elle serait par les Allemands (je le croyais), et qui, pour toute réponse, d'indignation me tournait le dos :

— Vous avez de la chance, vous, d'être blessé. On est bien forcé de vous laisser dire.

Ç'avait été là ma première parole de découragement; grâce à cet homme de cœur, ce fut la dernière. C'était lui, cet Alsacien, abandonné à l'étranger, ce captif à perpétuité, qui m'apprenait, à moi, délivré du lendemain, à croire dans l'avenir du pays!

Combien de mes camarades, en traversant cette terre d'Alsace, au milieu de ce concours d'un peuple qui semblait, en nous saluant, dire adieu à la France, reçurent aussi cette fortifiante leçon. Dès ce moment, nous avons senti, nous autres exilés, plus aisément que les témoins des hontes dernières, renaître notre foi dans l'immortalité de la patrie, et nous n'avons pas désespéré.

Bientôt ce fut la France demeurée française : ce Belfort, que nous avions cru toucher et dont les obus un moment s'étaient, en pleines lignes prussiennes, rencontrés avec les nôtres, maintenant occupé! Vesoul, prodigieux tohu-bobu de prisonniers délivrés, tous les uniformes mêlés; des blessés laissant voir leurs moignons mal guéris encore, des turcos tout pâles, grelottant du froid de l'Allemagne qui les a gelés à jamais; ils achèvent de cracher leurs poumons, fuyant les médecins, les hôpitaux, dans leur effort désespéré pour retourner mourir en Afrique. Là, trois jours passés à attendre une feuille de route.

Gray : à la gare deux de mes soldats, deux jeunes gens du Midi, deux cousins, engagés volontaires, me saluent; ils étaient de ma dernière affaire. Tous deux amputés d'une jambe. C'est moi qui, là-bas, les ai retenus cinq heures sous le feu; ils ne me font pas de reproches; l'un voit mes regards, attirés malgré moi sur ses béquilles. Il me tend la main.

— Il fallait bien tenir bon!

Le chef de gare que je prie de leur épargner l'attente, la fatigue des troisièmes classes, me regarde.

— Votre mine ne vaut guère mieux.

Et il nous expédie tous trois par un train direct.

A Dijon, dans la salle d'attente, un gendarme, les pieds dans de grosses pantoufles d'où débordaient des linges, vient à nous :

— Tiens! voilà le petit sergent qui gueulait tant.

C'est vrai, je criais fort, punissais peu.

Je le reconnais, il était de la maréchaussée; marchant à l'arrière-garde, il nous suivait le dernier jour, le jour de la retraite. Il nous a vus, dans le village où nous avait postés le commandant, résister deux sections contre deux bataillons avec du canon; tenir là de midi à la nuit. Il nous a vus tomber presque tous, moi deux fois, d'abord la jambe éraflée d'une balle, puis, à la fin, assommé d'un coup de crosse. Alors il est parti, sûr qu'il n'y avait pas de déserteurs là, crevant sa jument pour rejoindre l'armée. C'est là que ses pieds ont été gelés. Il me raconte le spectacle hideux de la retraite, les routes jonchées de caissons, les chevaux morts à l'attelage; dans les bois, des compagnies entières gelées, pas un n'ayant eu le courage d'allumer du feu.

XXIV

Dans le train, je dépasse les derniers soldats allemands, me voilà dans la France délivrée. Pourtant cette pauvre famille qui occupe le reste du wagon, ce sont des Alsaciens, la vieille mère, sa fille, avec quatre enfants, pas d'hommes, toutes deux veuves; les petits, orphelins. Elles vont à Saint-Étienne, on leur a dit que là il y avait de l'ouvrage. A peine peuvent-elles s'expliquer en français. A Lyon, dans la gare, je les dirige, les confie à un employé.

Puis à travers les rues, chancelant, non pas sous le poids de mon sac, ni à cause de mes pieds écorchés, mais étourdissement, stupéfaction de me retrouver au milieu de ces figures que mon aspect étonne et qui ne comprennent pas, me demandant si c'est donc moi qui rêve depuis un an, j'arrive à la maison.

Les portes sont ouvertes; on est à table; ma mère, ma sœur; les petits; mon frère aîné étendu dans un fauteuil, pâle encore d'une blessure à la poitrine. Tous se lèvent: ils ont l'air épouvanté.

Puis un cri de joie maternelle, de joie folle:

— C'est toi!

— Oui... J'ai bien faim!

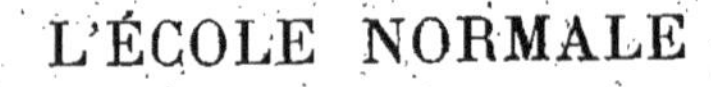

L'ÉCOLE NORMALE

CHAPITRE VI

L'ÉCOLE NORMALE

I

Le 27 décembre 1871, Auguste Burdeau était de retour à Paris. C'était la rentrée de l'École normale. M. Jules Simon, alors ministre de l'Instruction publique, présidait cette cérémonie, qui empruntait aux événements de l'Année terrible une solennité encore plus imposante que de coutume, car il y avait un an que l'École était fermée, non par ordre, mais parce que tous les jeunes gens, la plus grande majorité du moins, admis en 1870 à y faire leurs études supérieures avec ceux des deux promotions précédentes, s'étaient enrôlés et avaient vaillamment, quelques-uns glorieusement payé leur dette de sang à la patrie. La direction de l'École normale venait d'être confiée à M. Ernest Bersot, le meilleur à qui pût échoir cette tâche, cette dignité et cet honneur.

« La nomination de M. Bersot à la direction de l'École normale a été, dit Edmond Scherer, peut-être l'acte le plus important de l'administration de M. Jules Simon. Il n'en est aucun du moins qui ait eu plus de conséquences pour l'enseignement universitaire. C'est dans l'École normale de la rue d'Ulm que se forment en effet les professeurs de nos lycées. C'est des leçons qu'ils y ont reçues,

ERNEST BERSOT

Directeur de l'École normale supérieure

des principes qu'ils y ont puisés et des habitudes qu'ils y ont prises que dépend la valeur de l'instruction qu'ils donneront à leurs élèves. L'action exercée sur le jeune personnel enseignant a donc un effet plus certain, plus direct, plus immédiat sur l'avenir des études que les meilleures lois et les circulaires les plus sages. Et voilà pourquoi la direction de M. Bersot fera époque dans l'histoire de notre École supérieure comme dans celle de nos réformes pédagogiques. On ne saura jamais, la mesure manquant pour ces choses, combien a été profonde et salutaire l'influence que cet homme distingué a eue sur ses élèves et par suite sur les générations suivantes. L'École normale avait eu des maîtres éminents, elle n'en avait jamais eu encore qui eussent possédé au même degré les dons nécessaires au gouvernement des esprits, la sagacité et la sagesse, le bon sens et la bonne grâce; elle n'en avait point eu qui eussent si bien réussi à allumer dans ces volées successives de jeunes gens le feu sacré de l'étude, et dont les soins eussent été payés d'une reconnaissance aussi affectueuse. »

II

Bersot a tracé lui-même, dans une page admirable, la manière dont il entendait la direction de la jeunesse[1] : « L'Université, dit-il, est de son pays et de son temps; aussi, quand on lui confie des enfants, on sait qu'elle en fera des hommes de leur pays et de leur temps. Institution discrète, elle modère elle-même son action; elle refuse de se substituer à l'autorité et à la maison paternelles; elle s'interdit de presser trop fortement sur les esprits et les âmes, par crainte de briser quelque ressort ou de n'obtenir qu'une puissance passagère ou apparente. Cela réservé, il lui reste pourtant encore quelque chose à donner à ses

1. E. Bersot, *Un moraliste*, Librairie Hachette et Cie.

élèves : l'habitude de voir dans un monde naturel, de rencontrer sans gêne les opinions et les situations les plus diverses; le spiritualisme, sur qui la vie humaine repose; le bon jugement par lequel ils se feront plus tard des idées; l'apprentissage de leur jeune liberté; le respect de la vérité; la parfaite sincérité, fut-ce à leurs dépens; le sentiment, frêle en apparence, mais ici si résistant, de l'honneur et, pour tout dire, des qualités qui pourront nuire à leur tranquillité et à leur avancement, mais qui valent ce qu'elles coûtent : la netteté dans l'esprit et la vie. »

III

« La direction de l'École normale aux mains de Bersot, dit encore M. Scherer, fut quelque chose de très particulier et, il faut le reconnaître, de très personnel. Le gouvernement des esprits est-il d'ailleurs jamais autre chose que l'influence d'une individualité, l'action d'un caractère. Bersot était fait pour la tâche qui lui était dévolue. Il avait le don du maniement des hommes. Il aimait la jeunesse et il la connaissait. Il possédait au plus haut degré ce tact, composé de finesse, de fermeté, de bonté qui est la première des conditions pour la diriger. Il réunissait l'affection qui inspire l'affection à l'autorité qui assure le respect. On ne saurait dire s'il était plus chéri ou plus vénéré des élèves qui l'entouraient. Mais aussi avec quel dévouement il s'était consacré à eux! Comme il s'était identifié avec l'école, sans cesse occupé à la perfectionner, à l'honorer et à l'orner, la dirigeant à travers les écueils, la défendant contre ses ennemis, s'attachant à la rendre inattaquable même pour les plus mal disposés! Il avait concentré sur elle ses forces, ses pensées, tout l'intérêt de sa vie. Son cabinet, jusqu'au dernier jour, fut à toute heure ouvert à ceux de ces jeunes hommes qui avaient des conseils à lui demander ou des peines à lui confier. Sa sollicitude vraiment paternelle, après les avoir accompagnés dans leurs travaux et leurs examens, les suivait dans les vacances pour leur trouver un emploi utile ou agréable de leurs loisirs, et au sortir de l'École, pour les placer de la manière la plus conforme à leurs aptitudes. Affamé de repos, comme il l'était à la fin d'une année scolaire, il ne partait jamais pour son cher Arcachon avant d'avoir pourvu au sort de chacun. »

IV

« Il s'occupait, a dit un de ses élèves, M. Henry Michel, de nous avec un zèle ardent. Je ne parle pas de la façon dont il surveillait nos travaux, dont il les étudiait, joignant son jugement à celui de nos maîtres, ses avis à leurs leçons : s'il était toujours d'accord avec eux pour louer, nous l'avons vu plus d'une fois essayant de tempérer la rigueur des critiques les plus justes et au besoin nous trompant un peu sur nos mérites. Je ne parle pas non plus de la peine qu'il prenait pour faire partout à l'École sa place, des démarches sans nombre où il s'engageait sans qu'on le lui eût demandé, pour nous procurer à l'occasion un plaisir ou une commodité. Il tenait à ce que l'on nous comptât pour quelque chose; et quand du dehors on offrait à l'École normale une faveur d'un jour ou un privilège durable, il en était plus heureux que nous. Mais son grand bienfait ce furent ces entretiens de chaque jour où chacun pouvait l'approcher, l'entendre, et recevoir ainsi la vive et forte impression de sa vertu. Son esprit n'avait pas d'orgueil. Il ne se réservait pas; il faisait fête aux plus humbles d'entre nous comme à ses plus anciens, à ses plus chers, à ses plus illustres amis. On entrait dans son cabinet; on y trouvait l'accueil empressé qui flatte et le sourire qui encourage, car son visage eut jusqu'à la fin des sourires pour nous. On s'asseyait, on causait, on effleurait toutes choses. M. Bersot n'a jamais eu peur des idées, même pour nous, et la politique ou la philosophie était aussi bien matière d'entretien que nos travaux d'école ou les détails d'administration. Parfois on arrivait chez lui avec une peine ou un souci qu'on aurait voulu tout ensemble cacher et avouer. Il démêlait ce qui se passait en nous et c'étaient alors des questions pressantes, affectueuses. On n'y résistait point. On se confessait. Et l'on avait bien raison, car aussitôt il apportait le remède. Il excellait à remettre toutes choses en place. D'un mot il marquait le point qu'il n'aurait pas fallu dépasser. « Pourquoi médire de la vie? La vie est si bonne! » J'entends encore le son et l'accent de cette parole qu'il répétait volontiers. Et il dénombrait toutes les douceurs de la vie, depuis les plus petits plaisirs, une belle promenade, une amusante lecture, jusqu'aux biens véritables, l'affection de ceux qui nous entourent, la religion de ceux que nous avons perdus, jusqu'aux grands devoirs, le dévouement à quelque noble cause, l'accomplissement de quelque tâche utile et obscure. On se retirait, honteux de soi-même, mais plus paisible et plus fort. »

Ainsi l'influence personnelle du directeur rendait la discipline inutile, son zèle se communiquait peu à peu aux élèves, réveillait chez eux le goût du travail et la vocation professionnelle.

V

Dès la séance de rentrée, les yeux du directeur de l'École normale s'étaient attachés sur Auguste Burdeau. Il n'en pouvait être autrement. L'École s'était particulière-

JULES SIMON

ment distinguée pendant la guerre. M. Thiers, président de la République en 1871, avait, de concert avec M. Jules Simon, ministre de l'Instruction publique, décidé d'accorder aux normaliens qui avaient pris part à la campagne deux croix de la Légion d'honneur pour faits de guerre. Ces décorations avaient paru dans le *Journal Officiel* avant la séance de rentrée. L'un des jeunes gens décorés pour leur bravoure était Auguste Burdeau, de la section des lettres, l'autre, M. Charve, de la section des sciences. Le ministre de l'Instruction publique attacha lui-même l'insigne de gloire sur la poitrine des deux nouveaux chevaliers et leur donna l'accolade traditionnelle, après la lecture du rapport par M. Gusse, surveillant général. Dans l'extrait relatif à la conduite de Burdeau sous les armes, étaient énumérés ses exploits dont nous avons donné la relation détaillée.

VI

Quelques jours après, M. Ernest Bersot se rendit dans la salle de première année. Il expliqua aux élèves combien les travaux qu'ils allaient commencer ressemblaient à ceux d'une classe de rhétorique. Il dit qu'il importait de remettre régulièrement des devoirs et de se préparer, avec une sévère ponctualité, aux épreuves spéciales de la licence.

Quand M. Bersot eut fini son allocution, une voix s'éleva parmi les assistants et l'un des élèves déclara, avec une grande vivacité, qu'il ne s'agissait plus exclusivement de devoirs de classe, qu'il fallait tenir compte des désastres effroyables de la patrie et se souvenir du territoire mutilé, qu'il convenait de se préoccuper, avant tout, de former à la France des citoyens et des défenseurs. L'Allemagne nous avait battus par la méthode et la science : il fallait préparer la revanche en gardant à la mémoire cette terrible leçon de choses, et l'École normale supérieure avait dès lors d'autres devoirs à remplir.

Le jeune homme qui tenait ce langage si patriotique et si fier était Auguste Burdeau. Les sentiments qu'il avait exprimés répondaient à ceux du directeur. M. Bersot n'était pas de ceux qui se livrent tout entiers dès la première rencontre. Mais sa confiance, une fois qu'il l'avait donnée,

AUGUSTE BURDEAU EN 1871

(D'après le portrait du lycée Louis-le-Grand)

surtout quand elle s'adressait à la jeunesse, dépouillait

volontiers les réserves. Cependant son tact, plein de finesse, indiquait ses intentions plutôt qu'il ne les laissait voir. Un peu surpris des déclarations de Burdeau, qui mariaient une certaine familiarité de franchise à l'expansion de la volonté, il fut au fond heureux de voir se manifester ces promesses d'avenir. Il félicita chaleureusement l'élève, « et, dit un des témoins de cette scène, ce fut, pour l'un et l'autre, une belle journée. »

VII

Dès ce jour, des relations particulièrement étroites s'établirent entre le directeur et l'élève. La santé de Burdeau, qui était délicate, avait subi des atteintes pendant la guerre. Les privations, les fatigues, la faim, les angoisses de la captivité que l'incertitude sur le sort de sa mère et de sa famille avaient rendues encore plus cruelles, les souffrances causées par ses blessures, n'étaient pas restées sans influence sur sa constitution. M. Bersot, qui avait pour lui une affection toute particulière et vraiment paternelle, s'émut de sa pâleur et lui fit donner des soins spéciaux en lui accordant un régime de faveur à l'infirmerie. Souvent même le directeur ajoutait à ce menu déjà exceptionnel, mais réglementaire pour les élèves en traitement, quelques morceaux de choix envoyés de sa propre table. Burdeau, très reconnaissant de cette sollicitude et de ces attentions, s'efforçait de prouver combien il y était sensible, se soumettant avec une bonne humeur toujours égale à la discipline de l'école, discipline légère, il est vrai, comme on l'a vu, mais que son esprit indépendant aurait contrecarrée pour peu qu'elle lui eût pesé. Il aimait à montrer, en toute occasion, l'attachement filial qu'il avait pour M. Bersot, et, plus tard, il s'enorgueillit d'avoir été élevé sous cette prudente, douce et fructueuse tutelle, en parlant du directeur de l'École, mort en 1880, avec un respect qui était de la vénération.

Après la deuxième année d'études de Burdeau à l'École, M. Bersot, pensant qu'une saison de bains de mer pourrait fortifier le tempérament du jeune homme, l'envoya, avec quelques subsides fournis en partie par le budget scolaire et complétés par le sien, auprès d'un de ses amis, principal du collège de Dieppe. Burdeau mit à profit cette villégiature en s'astreignant scrupuleusement aux recommandations du directeur de l'École et, quand il revint prendre sa place parmi les élèves de troisième année, il put se préparer sans arrêt pour l'agrégation de philosophie. Il fut reçu premier sur quatre. Les sujets des compositions écrites étaient : *De l'Égoïsme et de l'Abnégation* (sujet dogmatique); *De l'Idée de substance dans Descartes, Berkeley et Leibniz*. Il fit à l'oral sa leçon historique sur la *Philosophie d'Anaxagore* et sa leçon dogmatique sur le *Langage*. Il eut la note *maxima* pour chacune de ses épreuves orales, ce qui est un fait absolument exceptionnel. On se rappelle qu'il avait obtenu, à Lyon, le deuxième prix de dissertation française au Concours général en traitant cette même question du *Langage*. Plus tard, il donna à la *Revue des Deux-Mondes* un article de critique sur Leibniz, où se retrouvaient les arguments qu'il avait développés dans sa leçon d'agrégation.

VIII

Burdeau fut un normalien dans la vraie et large acception du mot. On peut dire d'une manière certaine qu'il le

GEORGES PERROT
Actuellement Directeur de l'École normale supérieure

resta toute sa vie. Ce fut l'École qui donna la direction à ses aptitudes si remarquables. Avec Bersot et avec Perrot, Boissier, et les autres professeurs et maîtres de conférences qu'il trouva de 1871 à 1874 à la rue d'Ulm, il apprit à travailler intellectuellement avec profit sans dépenser ses facultés à des poursuites inutiles, à des entreprises vagues ou chimériques. Il connut, grâce à ses guides expérimentés, la valeur du temps et des efforts.

Il s'accoutuma, par une application patiente, à introduire la méthode dans ses pensées et dans ses actes, et il se familiarisa en même temps avec cette précieuse investigation des faits étudiés en eux-mêmes, vérifiés sur les documents, contrôlés par la sévérité de la critique.

L'École contribua aussi à raffermir son caractère, à donner à sa volonté l'assise du jugement pesé et mûri. Elle bannit en lui cette inclination si commune aux jeunes gens de suppléer par la raillerie et la suffisance aux connaissances incomplètes, et elle lui enseigna l'urbanité dans les débats où sans abdiquer ses convictions on respecte celles d'autrui ou bien on ne les combat qu'avec des armes courtoises. Enfin elle le marqua de ce signe de noblesse morale qui, dans la société, n'échappe à personne et qui est le critérium de la haute culture des intelligences. On verra plus loin ce que M. Georges Perrot, son professeur et le directeur actuel de l'École normale supérieure, pensait de lui à cette époque.

IX

Avant de se présenter à l'agrégation, Burdeau avait, suivant l'usage, fait pendant quelques semaines aux élèves de la plus récente promotion, des conférences dont le souvenir est resté. L'un d'eux, M. Georges Lyon a rappelé le succès de ces leçons.

« Le sujet traité faisait partie du cours de morale et portait sur la déduction de nos devoirs envers l'humanité, envers nous-même et envers les vivants les plus humbles que la nature a doués aussi de sentiments et d'action, sinon de pensée.

« L'ardeur du jeune conférencier, la fermeté de son accent, jointe à la souplesse de sa dialectique et à l'ingéniosité de ses vues produisirent sur nous une vive impression. Sa pensée philosophique s'était formée à l'école de Kant, surtout du Kant de la raison pratique, et l'idée d'une loi autonome que la volonté, par une décision souveraine, se dicte à elle-même, indépendamment de toute impulsion, soit de l'intérêt, soit de la passion, était l'étoile polaire vers laquelle, à travers la variété des hypothèses, il ramenait uniformément son regard.

« C'était aussi l'étoile sur laquelle ses yeux n'avaient cessé de se fixer dès son enfance, et comme la boussole qui le guida constamment à travers la vie. Ceux qui l'écoutaient savaient qu'il ne leur faisait pas une leçon purement doctrinale, qu'en toute circonstance il avait prêché d'exemple, et que chacune de ses paroles venait bien du cœur. »

Nous avons dit avec quel éclat il passa l'agrégation. Telle fut l'impression qu'il produisit sur le jury présidé par M. Ravaisson, que non seulement il obtint dans chacune des épreuves les notes les plus élevées, mais qu'on fit en sa faveur cette chose unique, paradoxale, qu'on n'avait jamais faite depuis la création des agrégés, et qui, suivant toute probabilité, ne se répètera jamais plus : on lui donna un point de plus que le maximum.

L'ENSEIGNEMENT

CHAPITRE VII

L'ENSEIGNEMENT

I

Burdeau entra dans l'enseignement actif en octobre 1874 et occupa d'abord la chaire de philosophie à Saint-Étienne. Dans cette région qui était la sienne, où l'on pouvait apprécier mieux sa haute valeur de lettré quand on songeait aux antécédents de sa vie connue de tous, il acquit bien vite une grande autorité et un grand renom. Les événements politiques lui donnèrent l'occasion de prouver la fermeté de ses convictions républicaines et son dévouement à la cause du peuple d'où il était issu.

On sait comment le maréchal de Mac-Mahon, nommé président de la République en 1873, après la démission de M. Thiers, subit les influences exercées sur son esprit, que l'on avait cru jusqu'alors favorable, sinon attaché à l'idée républicaine, et, mal inspiré, plus habitué, comme on l'a dit, aux manœuvres à découvert des champs de batailles qu'aux finesses de la stratégie politique, enfermé peu à peu par son entourage dans un cercle qu'il n'eut pas la volonté de rompre, en arriva finalement à ce Sedan parlementaire qui porte dans l'histoire la date du 16 mai 1877. Date néfaste pour la République, et marquant le commencement, ouvertement hostile, d'une réaction dont elle ne triompha que grâce à l'ardeur de Gambetta, défendant les institutions contre les ennemis du dedans comme il avait défendu pied à pied le territoire contre les ennemis du dehors.

On se souvient de l'agitation électorale provoquée par Gambetta avec l'aide des 363, des péripéties qui signalèrent cette période prolongée pendant deux ans, jusqu'à ce que le duc de Magenta, comprenant que le gouvernement de combat ne pouvait tenir devant l'antipathie de l'opinion, se démit et fit place à M. Grévy, en secouant un fardeau que le parti dont il avait été l'instrument avait fait peser sur ses épaules.

Le département de la Loire eut, au cours de ces luttes, pour préfet, M. Ducros, un de ces hommes à poigne, qui vont jusqu'au bout dans leurs résistances à l'esprit public, et ne craignent pas de substituer l'arbitraire à la loi. Son attitude était certainement faite pour décourager des oppositions moins timides que celles de Burdeau, mais le jeune professeur qui s'était battu à Villersexel, à Héricourt et à Sainte-Marie, fit front au représentant de MM. de Broglie et de Fourtou.

A la tête de ses collègues qui formaient avec lui une phalange républicaine, les Guiraud, les Fontaines, les Doucet, les Vogel, très unis par les liens d'une grande amitié et d'une foi commune, Burdeau, exprimant hautement ses convictions profondes, fut l'âme du mouvement stéphanois. En même temps qu'il prenait la parole dans les réunions publiques, dans les cercles, qu'il groupait autour de lui les électeurs, tout en restant dans la légalité, il livrait bataille au préfet, et manœuvra si habilement, si ouvertement que le Ministère, ne pouvant plus couvrir son délégué plus agressif que lui-même, fut obligé de déplacer M. Ducros et de l'envoyer à Lyon.

Ce fut, dans ces circonstances, que Burdeau fit la connaissance de Gambetta. Le grand patriote pressentit la valeur exceptionnelle de ce jeune homme de vingt-six ans, et avec sa perspicacité accoutumée, sa clairvoyance des âmes et des aptitudes, il vit aussitôt que sous ce philosophe il y avait un politique, et sous cet esprit formé aux spéculations métaphysiques une intelligence remarquablement apte aux chiffres, aux discussions financières, à l'étude de ces grands problèmes budgétaires dont la solution équitable, efficace, est l'un des premiers éléments de la prospérité nationale.

— Vous serez un jour ministre des finances, dit Gambetta à Burdeau.

L'événement a justifié cette prédiction.

II

Burdeau resta cinq ans à Saint-Étienne. Il y fut l'un des promoteurs du « Sou des Écoles ». Son idée, qu'il développa plus tard dans ses livres et ses conférences publiques, était qu'il faut habituer l'enfance à l'épargne, et qu'un sou épargné peut être le commencement d'une vie d'ordre et de bonheur. « Pour économiser un sou, disait-il, l'enfant le confiera aussi facilement que sûrement à l'instituteur qui le versera dans la Caisse d'épargne scolaire, pour remettre les petites sommes, dès qu'il y aura vingt sous, c'est-à-dire un franc, à la Caisse d'épargne de l'État ». Idée bien pratique et morale qui fit vite son chemin. Aussi pouvait-il écrire en

1883 : « Il y a huit ans seulement qu'on a commencé en France à fonder des Caisses d'épargne scolaires. Aujourd'hui il en existe déjà dans 16 000 écoles. Les jeunes déposants sont plus de 400 000 et entre eux tous ils ont déjà de côté 8 millions de francs. C'est en épargnant un sou, deux sous, trois au plus, toutes les semaines qu'ils ont réuni ce trésor dont chacun a sa part ».

Il s'occupa aussi très activement de l'organisation des Cercles républicains, et dès ce moment il conçut la pensée de faire pénétrer peu à peu les idées républicaines dans les masses en créant des foyers destinés, comme il disait, « non seulement à éclairer mais aussi à réchauffer ». Il provoquait dans ces assemblées les discussions économiques, indiquait les progrès qu'il y avait à faire dans le domaine de l'instruction populaire, et traçait déjà les grandes lignes de la réorganisation de l'enseignement, à laquelle il allait bientôt travailler directement.

III

Pendant qu'il se dévouait ainsi aux intérêts des autres, il se débattait lui-même au milieu de difficultés créées à sa famille par l'insuccès commercial de l'un de ses frères, qui laissait un passif très lourd. Auguste Burdeau n'hésita pas à se charger de ces dettes. Pour y subvenir et pour payer les créanciers il se mit à faire des traductions des philosophes étrangers, Herbert Spencer, Schopenhauer, Robert Clay[1], à écrire des articles de revues et de journaux.

1. Ces traductions de philosophes anglais et allemands ont paru à la Librairie Félix Alcan.

Il travailla tant et tant qu'il eut tout payé en peu de temps; mais cet effort excessif, qui ne le dispensait pas de sa tâche déjà lourde de professeur, l'épuisa. Il eut une anémie cérébrale qui le tint pendant plusieurs mois dans l'impossibilité presque complète d'entreprendre une besogne suivie. Un de ses amis du lycée et de l'École normale, M. Gasquet, aujourd'hui recteur de l'Académie de Nancy, a révélé, dans une *Notice nécrologique* sur Burdeau, ces luttes poignantes pour éteindre la dette, combattre l'ennui et cacher les souffrances intimes.

Pour ma part, lui écrivait Burdeau, en sept mois, j'ai payé 3 000 francs. J'ai donné des leçons, j'ai fait ce que j'ai pu pour gagner de l'argent.

J'ai retranché de mes dépenses tout ce qui n'était pas le strict nécessaire. Je ne voyage pas, je porte de vieux habits, je ne vais pas au café. Je compte ainsi arriver à payer 4 à 5 000 francs par an; mon frère autant, peut-être. A ce compte, en douze ou quinze ans, nous pourrons venir à bout de notre entreprise. Je te dis cela pour que tu n'ailles pas croire que je me contente de me lamenter sur l'événement. Nous le réparerons.

Tu comprends maintenant la raison pour laquelle je ne t'ai pas écrit. La honte rend taciturne. De plus, tu ne sais peut-être pas très bien ce qu'est une vie comme celle que j'ai menée depuis octobre dernier : des humiliations, du papier timbré, des voyages, des supplications pour obtenir de l'argent, ceux sur qui on comptait disparaissant. Et tout au travers de trente heures de classe et de leçons par semaine, des efforts opiniâtres pour travailler et faire un triste ouvrage, je le crains.

Je me doute bien de ce que doivent penser de moi ceux qui ne m'aiment pas, mais ce souci fait partie intégrante de mon lot d'aujourd'hui. Je me tais et je souhaite seulement qu'on se taise sur moi.

Cependant il ne se plaint qu'avec ses intimes, ou plutôt ce n'est pas une plainte, mais une expansive confidence de ce labeur généreux qui lui est inspiré par la charité fraternelle et l'honneur du nom.

Encore un an de travaux forcés, écrit-il en 1880, et je sortirai des galères. Mais cette année-là, il me la faut. Je devrais y gâter le peu que j'ai d'espérances littéraires, que je n'aurais pas à reculer et que je ne reculerais pas. Mais j'avoue que je ne vois pas la chose tout en noir. Je sortirai de là avec un peu de rouille à la surface, mais non pas affaibli au fond. Si je me flatte, eh bien! cette illusion me vaut mieux pour me soutenir qu'une vérité désobligeante.

IV

En octobre 1879, Burdeau va de Saint-Étienne à Nancy, où il permute avec le professeur de philosophie, M. Charles Dupuy, qui devait être plus tard son collègue à la Chambre. Il y commence, sous l'inspiration d'Ernest Bersot, son active propagande en faveur des réformes scolaires. Il fonde la *Correspondance universitaire*, organe des revendications, qui allait préparer les électeurs au Conseil supérieur de l'Instruction publique. M. Bersot l'encourageait vivement dans cette entreprise, qui réclamait de l'initiative, des efforts soutenus, et une sérieuse dépense de temps. Sans perdre de vue ses engagements personnels, Burdeau, malgré l'état chancelant de sa santé, n'hésita point à se charger de ce nouveau surcroît de travail. Unissant, comme Bersot, la souplesse et la force, la souplesse de la pensée et la force de la volonté, il doubla, pour venir à bout de sa tâche quotidienne, les heures actives de la journée et bientôt il fut récompensé par des résultats.

La *Correspondance universitaire*, accueillie d'abord avec certaines hésitations, parce que c'était une protestation contre les routines, vit en peu de mois s'accroître considérablement le nombre de ses adhérents qui formèrent faisceau. Le Conseil supérieur de l'Instruction publique, rendu en grande partie électif par la loi nouvelle, allait devoir ouvrir ses portes presque toutes larges aux justes griefs du professorat, et la voie des améliorations de programme et d'organisation se traçait nettement.

Cependant Burdeau ne borna point son action à ce premier succès. Afin de lui rendre sa tâche plus aisée, et aussi à raison de ses mérites de professeur, M. Bersot obtint pour lui de M. Jules Ferry, alors ministre de l'Instruction publique dans le cabinet Waddington, la suppléance de la classe de philosophie à Louis-le-Grand. Burdeau quitta Nancy pour rejoindre son nouveau poste au commencement de 1880.

Il arriva à Paris le soir même du jour où M. Bersot venait de mourir (30 janvier 1880).

A la rentrée des classes, en octobre 1880, il succéda, comme professeur titulaire, à M. Charles dans la même chaire, où il conquit dès le début une incomparable autorité. Ses élèves lui témoignaient une affection, un respect, une admiration enthousiastes?

« Un trait distinctif, dit M. Georges Lyon, signalait son enseignement : bien que la base théorique en fût étendue et forte, son cours était pénétré du sens de la vie et des nécessités de l'action. Cette conviction lui tenait à cœur, que le maître, dans ces grandes classes, n'a pas simplement à initier de jeunes hommes aux délicats problèmes de la métaphysique et aux subtiles solutions que les méditatifs en ont tentées. Oh ! certes, ces problèmes, ces solutions, il n'en faisait point fi, et pousser la jeunesse à s'en désintéresser lui eût paru une œuvre d'affaiblissement intellectuel. Mais, en même temps, il voulait (réagissant en cela contre les tendances exagérément spéculatives auxquelles notre génération philosophique a parfois trop cédé) que la grande image de la patrie, de la patrie mutilée, toujours saignante, fût constamment présente à l'esprit de ces élèves qui demain seraient soldats et citoyens. Il restait ainsi fidèle à la déclaration qu'il avait faite à sa rentrée à l'École normale en 1871, et aux approbations qu'elle lui avait values de la part de Bersot. En telle de ses classes, passant avec un art consommé du plus abstrait de la théorie au plus mouvementé de nos contingences, il disait la France à refaire, à venger peut-être, la République à raffermir, notre antique rang à reprendre dans le monde, avec une éloquence si communicative que l'émotion de son jeune auditoire allait jusqu'aux larmes. Il estimait aussi que les discussions économiques, où se trouve sans doute la clef de notre avenir social, ne doivent pas être laissées en dehors de l'horizon philosophique. Il ne contribua pas médiocrement à leur faire accorder une place dans les programmes de l'enseignement secondaire. Lui-même, parallèlement à son grand cours du lycée, il donnait des conférences d'économie politique, suivies, me disait-on, avec beaucoup d'empressement. »

V

M. Jules Ferry, qui avait succédé à M. de Freycinet dans la présidence du Conseil, tout en conservant le portefeuille de l'Instruction publique, s'était occupé dès son avènement au pouvoir (23 septembre 1880) de réaliser dans l'école le triple principe de la gratuité, de l'obligation et de la laïcité; il avait à soutenir une lutte énergique pour écarter les obstacles que lui suscitait le Sénat, dont la majorité républicaine n'était pas aussi compacte que celle de la Chambre des députés. Dans cette campagne, il était tenu d'avoir tous les universitaires pour auxiliaires. Aussi remarqua-t-il d'une manière toute particulière le professeur de philosophie de Louis-le-Grand, qui se prononçait sans réticences pour les réformes poursuivies par le gouvernement. Burdeau, menant de front sa classe et ses conférences, dirigeant ses ouvrages de traduction, collaborant au *Télégraphe* sous la direction de M. Jezierski, et abordant, comme principal

JULES FERRY

rédacteur politique de ce journal, les questions alors si brûlantes de l'enseignement, traitant, d'autre part, les questions économiques, déployait en effet une telle âpreté au travail, une si impitoyable tension de l'activité, un si superbe dédain des exigences de l'être physique, et jetait un si fier défi à la vie, que, dans les cercles officiels où tout transpire, on ne pouvait manquer de parler de lui. Il commençait à être en vue ; on citait son nom dans le monde parlementaire, et les yeux se portaient sur lui à l'occasion des combinaisons électorales. On signalait les ouvrages d'éducation écrits par lui, composés sous sa direction, et les idées très pratiques qu'il avait sur l'éducation civique et l'instruction primaire.

VI

Burdeau ne s'enfermait pas dans la théorie. Il cherchait en même temps que les voies nouvelles, les moyens de les suivre. C'est ainsi qu'il préconisait la nécessité de joindre à l'instruction gratuite et obligatoire, la gratuité des livres d'école. « Il ne faut pas, disait-il, que le bagage de l'écolier soit une charge pour ses parents. » « Le livre, ajoutait-il, n'est trop lourd que pour la bourse souvent modeste des parents et des communes ». Il rêvait des livres d'école clairs, exacts, précis, capables de former le cœur en même temps que l'esprit et permettant à l'élève qui se serait rendu maître de leur contenu, d'entrer dans la vie avec un fonds d'instruction simple mais bien coordonné.

« Un livre d'école, répétait-il souvent à ses éditeurs, ne doit rien coûter, ou tout au plus ne doit se payer que quelques sous. » Il savait, mieux que personne, que souvent dans la famille pauvre il est impossible de rien inscrire au budget pour ces dépenses scolaires. Il publia donc l'*Instruction morale à l'École*[1], qui, en quelques pages, contient ce que l'on peut appeler le code de l'enfant, ses devoirs envers lui-même, envers ses parents et ses maîtres, envers la société,

1. A. Picard et Kaan, éditeurs.

envers ses patrons. Il y exposait, en des maximes d'une admirable clarté et d'une pénétrante éloquence, les grandes vertus que l'enfant doit acquérir : le respect de soi-même, des personnes et des propriétés, l'affirmation et la sauvegarde de la liberté de conscience, l'amour de l'humanité et de la patrie.

« Depuis quelques années, disait-il dans la préface de ce petit volume si plein d'idées et de faits, notre pays, éclairé par une expérience cruelle et peu à peu pénétré des idées républicaines, a commencé à comprendre l'importance du rôle de l'instituteur. Les pouvoirs publics se sont appliqués à relever la situation du professeur primaire, et à l'environner de la considération à laquelle il a tant de droits. Mais entre toutes les innovations qui ont concouru à ce résultat, aucune n'est plus efficace que l'article de loi qui a reconnu à l'instituteur la mission de donner l'*enseignement moral et civique*, c'est-à-dire de préparer dans l'enfant l'*homme et le citoyen*. Le jour où cette loi fut votée, pour la première fois, la fonction du maître d'école s'est révélée dans toute sa grandeur. On l'a dit souvent, et c'est une vérité pleine de conséquences : *Tant vaut l'instituteur, tant vaut la nation.* Ceux qui ont la tâche de nous former des citoyens tiendront bientôt dans leurs mains l'âme et les destinées de tout un grand peuple : l'avenir sera ce qu'ils le feront. Jamais corps de l'État n'eut un pouvoir comparable à celui-là. Jamais responsabilité ne fut plus grande. Pour porter cette responsabilité, pour exercer ce pouvoir, ce ne sera pas trop de toutes les forces, de toutes les lumières que pourront fournir en s'unissant ceux qui ont quelque habitude de l'enseignement des vérités morales et des principes civiques. Chacun doit apporter sa contribution à la tâche commune. »

VII

Peu de livres d'école avaient jusqu'alors été compris comme l'était celui-ci. Le philosophe qui dans sa chaire de Louis-le-Grand exposait aux jeunes gens les problèmes les plus hauts et les plus troublants de la vie morale, se faisait familier avec les tout petits et réduisait en quelque sorte à des leçons de choses tangibles les notions considérées par bien des maîtres comme trop abstraites et même dangereuses pour les jeunes intelligences. Il faisait luire la pleine lumière dans les esprits unissant la persuasion à la vérité, et il leur montrait celle-ci, non sous une forme complexe, propre à alarmer leur entendement, mais avec un irrésistible attrait, une séduction qui devait gagner les convictions et les cœurs. Telle de ces pages mises sous les yeux des enfants a un accent qui vibre, émeut et transporte. Ainsi la leçon qui est intitulée : *Il faut aimer tous les hommes*.

« Écoutez-moi bien, mes enfants. Si quelqu'un vous attaquait, vous vous défendriez de toutes vos forces. Si un gredin tombait sur votre frère, vous vous jetteriez sur le misérable, et il serait à plaindre entre vos mains. Mais une fois que vous l'auriez mis à terre, de façon qu'il fût hors d'état de vous nuire, à vous et aux vôtres, alors vous réfléchiriez peut-être que ce criminel est un homme. Et si vous appreniez qu'il a été poussé au crime par la misère ou par de mauvais conseils, alors, au lieu de le haïr, vous le plaindriez. Vous souhaiteriez que la leçon lui servît et qu'il revînt à l'honnêteté.

« Eh bien ! voilà justement comment il faut vous conduire envers les *ennemis de la France*. Ils vous ont volé vos frères d'Alsace-Lorraine, il faut tout préparer pour leur délivrance. Mais ensuite, quand vous aurez eu le bonheur d'accomplir cette grande œuvre, il ne faudra pas chercher à rendre aux ennemis le mal pour le mal. Non ! il faudra tâcher de faire une bonne paix, qui efface les haines passées et dont toute l'humanité profitera.

« Souvenez-vous de ceci, mes enfants : c'est que *les Français ont toujours mis leur gloire à servir l'humanité*. Et l'humanité, cela comprend tous les peuples.

« En effet, chaque peuple a ses qualités à lui : tous contribuent, à leur manière et selon leur capacité, au progrès de l'humanité. *Il faut donc les respecter tous, à condition qu'ils respectent d'abord la France.* Si l'un d'eux est injuste envers elle, il faut se lever pour le punir, d'abord parce que, pour un Français, la France passe avant tout, mais aussi pour lui apprendre une vérité que je vais vous dire ; la voici :

« *Toutes les nations sont égales ;* il n'y en a pas d'inférieures, ni de supérieures. Il n'y en a pas qui soient faites pour souffleter les autres, et il n'y en a pas non plus qui soient faites pour recevoir des soufflets. Les peuples se doivent mutuellement respect et assistance comme les citoyens d'un même pays : car *si les citoyens sont les membres de la nation, les nations sont les membres de l'humanité !* »

« Cette vérité, mes amis, la France l'a toujours proclamée et défendue : au XVIIIe siècle, quand elle envoyait ses enfants combattre pour l'indépendance des États-Unis, comme en 1859, quand ses soldats mouraient pour rendre l'Italie libre. *La France a toujours pensé à l'humanité ;* pour être bon Français, ne séparez jamais ces deux mots, et criez avec moi :

Vive l'humanité ! Vive la France !

Dans ce bel ouvrage de morale scolaire, souvent la leçon est un récit, mettant en scène des personnages, pour mieux graver les préceptes dans la mémoire. Alors, le philosophe, que l'on pourrait croire un métaphysicien forcément et exclusivement aride, se transforme en causeur charmant, et il n'est pas difficile de deviner qu'il suspend ses jeunes auditeurs à ses lèvres, suivant l'expression du poète. On ne connaîtrait pas Burdeau tout entier, c'est-à-dire tout ce qui se dérobait de bonté, de douceur, de gaieté, sous ses apparences si sérieuses, si l'on n'avait lu de lui une de ces histoires enfantines faites pour mieux présenter une leçon de morale. Je citerai tout particulièrement celle qui est intitulée *Kasper le Douanier*, et qui a si bien sa place dans ce volume écrit pour la jeunesse.

VIII

KASPER LE DOUANIER[1]

— Écoutez, brigadier Kasper, à votre place, ce soir, je n'irais pas au col de la Schlucht. On se doit à sa consigne, je le sais comme vous : j'ai été soldat. Mais ce soir, vous êtes seul : votre compagnon de route est malade. J'ai entendu dire, à Munster, à l'auberge de l'Ours blanc, que ces brigands de contrebandiers prussiens préparent un coup pour cette nuit. Vous tout seul, que pourrez-vous? Si vous étiez plusieurs, je ne dis pas. Croyez votre vieil ami, brigadier Kasper.

C'est ainsi que le vieux Mathis, le tonnelier de Stosswirr, essayait de détourner Kasper du danger. Il était venu exprès jusqu'à Retournemer, à la maisonnette de son ami, et il le suppliait de toutes ses forces.

Kasper ne l'écoutait pas.

— Femme, dit-il, prépare ma houppelande : il fera froid cette nuit. Donne-moi mon fusil, que j'y mette une cartouche avant de sortir. Ces Prussiens, c'est traître ; il faut se tenir prêt dès qu'on a le pied dehors. Les enfants dorment, ne les réveille pas : je vais les embrasser dans leur lit.

Et Kasper se dirigea vers la chambre voisine, où sommeillaient ses trois petits : Pierre, seul dans son lit : Louise et Marie-Rose, serrées l'une contre l'autre, dans le leur. Il les embrassa douce-

1. Extrait de l'*Instruction morale à l'école*. A. Picard et Kaan, éditeurs.

ment : — Bonsoir, fillettes; bonsoir, petit soldat, dit-il à demi voix. Puis il rentra dans la salle, où Mathis était resté.

— Je vois bien que vous ne m'écoutez pas, brigadier. Songez, songez-y bien ! Vous êtes mari et père, cependant !

— Est-ce une raison de manquer à mon devoir, Mathis ? Pour que Thérèse rougisse de moi, n'est-ce pas ? Pour qu'on dise un jour à mes enfants : — Vous êtes les enfants d'un lâche ?

Allons, Mathis, vous n'y avez pas pensé. Votre main, mon brave ami. Au revoir ou adieu, ma Thérèse. Veille sur nos enfants.

— Ce soir et toujours, dit Thérèse. Va, et fais ce que tu dois, mon Kasper.

Kasper sortit. Le fusil sur l'épaule, il se mit à remonter les petits sentiers raides qui mènent, le long de la Moselotte, à la Schlucht. C'est une longue route, et il fallait les jarrets d'acier d'un ancien chasseur à pied pour franchir en une heure et demie cet espace. Quand il arriva au sommet, il s'orienta : le brouillard l'enveloppait; un rayon de lune, enfin, lui permit de se reconnaître : à droite, c'était la Honeck, à gauche la Schlucht.

— Filons vers la Schlucht, se dit Kasper. Par un temps pareil ils n'oseront pas se risquer à descendre tout court de la Honeck ; ils seraient capables de tomber droit dans le lac de Retournemer. Piquer une tête de trois mille pieds de haut ! Ces renards prussiens ne s'y exposeront pas.

A trois kilomètres de là, le col se rétrécit ; ce n'est plus qu'une prairie d'une centaine de mètres en largeur. A gauche sont les escarpements du Tanet, à droite des précipices énormes, au fond desquels on voit briller les lumières de Stosswirr, à mille mètres plus bas. La frontière est à deux pas; une ruine, placée à vingt mètres de la route, offre, non pas un abri, mais une cachette.

— L'endroit est bon, dit en lui-même Kasper.

Et il alla s'installer dans la ruine, où il s'accroupit derrière un reste de mur, les yeux fixés du côté de la route, l'oreille au guet.

Dans sa cachette, Kasper songeait.

Il se rappelait les paroles du brave Mathis. — C'est pourtant vrai, se disait-il : pauvre Thérèse, pauvres enfants, si je leur manquais, que deviendrait tout ce petit monde?... Bah ! Thérèse est une femme courageuse ; avec la petite pension que le gouvernement fait aux veuves de ses serviteurs morts pour l'État, elle saura les élever tous. Étant nés d'elle, ils ne peuvent devenir que de braves gens.

Et puis, il songeait à d'autres veillées, jadis, quand il sortait à peine du service, et qu'il était douanier du côté de Thionville :

— Un beau pays, pensait Kasper : des collines en pente douce, des plaines. C'était plus facile à garder qu'ici : comme toute la *Lorraine*, d'ailleurs. Maintenant les Prussiens l'ont pris. L'*Alsace* aussi. *Dire qu'avant la guerre de 1870, tout le pays au bas de ces monts, tout ce qu'on découvre, au lever du jour, jusqu'au Rhin, était France !... Eh bien ! non, ce n'est pas la terre prussienne : c'est seulement une terre que la Prusse tient sous son talon. Mais c'est toujours la France !...*

Kasper songeait ainsi, le brave douanier, lorsque tout à coup un bruit léger frappa ses oreilles. C'était un grincement de gravier, comme si quelques individus marchaient doucement sur la route. La nuit était noire : on ne voyait rien à quinze pas.

Kasper sortit à pas de loup de la ruine : en se glissant sur l'herbe, il pouvait arriver sans bruit jusqu'au bord de la route. Là, les yeux grands ouverts, il distinguait un peu : plusieurs ombres, qu'il apercevait à peine, s'avançaient à pas lents. Il en compta quatre.

Ces individus paraissaient lourdement chargés.

— Halte ! cria tout à coup Kasper, se dressant résolument au bord de la route. Puis, comme les contrebandiers faisaient mine de hâter le pas, il se jeta au milieu du chemin, et là renouvela son cri ; enfin presqu'aussitôt, d'un bond se précipitant dans le fossé à droite, il fit entendre un *qui-vive !* énergique, en même temps qu'il armait son fusil.

Tous ces mouvements avaient été accomplis si vite que les contrebandiers purent croire à la présence de toute une escouade de douaniers. Au hasard, ils déchargèrent de droite et de gauche quelques coups de revolver ; puis ils se replièrent à quelques pas en arrière, pour tenir conseil.

Trois minutes ne s'étaient pas écoulées qu'ils revenaient, longeant la route, se glissant dans les fossés. Ils arrivèrent sur Kasper, lorsque la lune, se montrant tout à coup entre deux nuages, le leur fit voir, accroupi dans l'herbe.

— Il est seul, gronda leur chef. En avant !

Et tous quatre, ils se jetèrent sur lui.

Kasper ne bougeait pas. Une balle tirée à l'aventure l'avait atteint au ventre : la blessure était horrible ; le sang coulait en abondance, et les entrailles se seraient échappées, si le vaillant douanier ne les avait retenues de la main gauche. *Il voulait retarder sa mort, pour utiliser au service de son pays jusqu'à la dernière seconde de sa vie.*

Il tenait son fusil tout chargé dans son poing : quand le chef des fraudeurs fut sur lui, il lâcha son coup. L'Allemand tomba. Les autres arrivèrent : Kasper n'avait plus la force de charger, mais il avait entre les dents son sabre-baïonnette. Comme il était étendu, les contrebandiers s'approchèrent pour l'achever : au moment où l'un d'eux se penchait pour lui tirer son coup de revolver dans l'oreille, Kasper agonisant se redressa, et, d'un furieux coup de pointe, il perça la poitrine du brigand...

Le lendemain matin, les gens de l'auberge de la Schlucht ramassèrent deux Prussiens morts. Kasper avait encore un souffle de vie ; on le porta à sa maisonnette de Retournemer. Il expira en y arrivant ; mais il avait eu le temps d'embrasser Thérèse et les enfants.

Ceci est arrivé en 1878. Depuis, Pierre est entré au collège de Saint-Dié, avec une bourse de l'État; c'est un solide garçon et un bon élève, également bien noté en classe et au bataillon scolaire. L'année dernière, comme il arrivait à ses quatorze ans, on lui a remis son fusil d'exercice, un vrai fusil de soldat. Il l'a regardé avec soin, et le sergent, qui était tout près, l'a entendu qui disait :

— *Te voilà enfin, mon fusil ! A nous deux maintenant. Souvenons-nous de ce que nous avons à faire : il s'agit de venger le douanier Kasper ; il s'agit de remettre la frontière là où elle n'aurait jamais dû cesser d'être, là-bas, vers le Rhin. Va, mon père, les contrebandiers prussiens n'en ont plus pour longtemps à faire leur métier d'assassins, sur les sommets de la Schlucht, dans notre Alsace !*

IX

Burdeau songea plus tard à former, dans ce sens, sur ce plan et avec cette même méthode, où l'utile se marie à l'agréable, une *Encyclopédie économique des écoles et des familles*, à laquelle des collaborateurs éminents et dévoués prêtèrent leur concours. Il écrivit lui-même pour cette collection un *Manuel d'éducation civique* et un *Manuel d'éducation morale*, qui furent, comme ses autres ouvrages scolaires, adoptés par les écoles de la Ville de Paris et portés sur les listes départementales. On lui doit également, dans cet ordre de travaux, des *Notions de droit usuel, de droit commercial et d'économie politique,* dont la préface, qu'il convient de citer, indique l'originale conception et l'efficace portée. Cette préface est en effet un programme, elle résume les vues de Burdeau, elle fait pressentir ce qu'il aurait fait pour l'enseignement, s'il en avait eu un jour la haute direction.

La loi du 28 mars 1882, dit-il, a pour la première fois introduit dans le programme de nos écoles primaires les *éléments du Droit usuel et de l'Économie politique.* S'il est permis de s'étonner d'une chose, c'est qu'ils n'y fussent pas inscrits depuis longtemps.

Dans un pays qui met en tête de ses Codes l'axiome que « *nul n'est censé ignorer la loi* », il ne faut pas que les enfants puissent sortir de l'école, munis d'un certificat par lequel l'État les déclare en possession du savoir indispensable à un citoyen, sans avoir la notion même du principe de notre législation.

On a dit à cette occasion : « *N'enseignez pas aux enfants les subtilités du Code : ce serait le moyen d'en faire des chicaniers* ». Cette menace n'a pas fait reculer les Chambres : il ne s'agit pas en effet de faire de jeunes docteurs en droit; il s'agit de faire que les jeunes Français comprennent l'esprit de nos lois et les principes de justice sur lesquels elles reposent. C'est l'ignorance de ces principes, qui rend tant de particuliers indifférents ou inattentifs aux formalités que la loi prescrit pour les actes de la vie civile, et qui prépare ainsi la matière de la plupart des procès. C'est elle qui empêche parfois les plaideurs de se rendre aux avis conciliants du juge de paix ou même aux décisions des tribunaux de première instance et qui éternise les querelles : les ignorants sont têtus.

Quant à la *Science économique*, les événements publics de ces dernières années ont démontré de plus en plus clairement qu'elle est au fond de toutes les questions politiques. Quand un peuple a le suffrage universel, qu'il prétend être son maître et tenir les cordons de la bourse nationale, il ne lui est pas permis d'ignorer ce qu'est le budget. D'ailleurs, puisqu'il se trouve des orateurs pour dénigrer en public la propriété, pour détourner les travailleurs d'épargner, il faut que ces grandes vérités sociales aient,

PAUL BERT

elles aussi, leurs défenseurs. *On a dit que l'Angleterre avait économisé une révolution en fondant, il y a trente-cinq ans, plus de quatre mille chaires d'Économie politique. La loi de 1882* vient d'en fonder plus de *quarante mille en France :* ce sont là des postes de confiance, qu'elle a remis à la garde de nos instituteurs. Ils sauront les occuper dignement.

X

Cette loi de 1882, dont Burdeau interprétait la pensée, répondait bien aux vues qu'il avait lui-même lorsqu'il fit son entrée dans la vie politique comme chef de cabinet de Paul Bert, dans le grand Ministère présidé par Gambetta, en novembre 1881. On sait la part considérable prise par Paul Bert, avant, pendant et après son passage au pouvoir, dans toutes les discussions intéressant les progrès de l'instruction populaire et la réorganisation de l'enseignement. Burdeau fut, en bien des rencontres, dans l'examen de ces questions, un conseiller éclairé, un inspirateur écouté.

Le programme officiel du 27 juillet 1882 a trait à l'objet de l'enseignement primaire, à sa méthode, au but de l'enseignement moral et au rôle qu'il convient d'y assigner à l'instituteur.

« L'objet de l'enseignement primaire, y est-il dit, n'est pas d'embrasser sur les diverses matières auxquelles il touche tout ce qu'il est possible de savoir, mais de bien apprendre dans chacune d'elles ce qu'il n'est pas permis d'ignorer. »

« La seule méthode qui convienne à l'enseignement primaire est, disait encore le programme, celle qui fait intervenir tour à tour le maître et les élèves, qui entretient, pour ainsi dire, entre eux et lui, un continuel échange d'idées sous des formes variées, souples et ingénieusement graduées. »

N'était-ce pas ce que voulait Burdeau?

Qui mieux que lui avait dans ses livres pédagogiques

donné ce que l'on pourrait appeler la « note » de cette souplesse et de cette ingénieuse gradation de formes, et le récit de *Kasper le douanier*, comme tant d'autres que l'on retrouve dans ses ouvrages pédagogiques, n'avait-il pas, avant la lettre, mis en précepte et en pratique l'esprit de la loi? Et quel autre que lui avait, dans la *Correspondance universitaire* et dans ses conférences, dicté, pour ainsi dire, ce qui, dans le même programme, était relatif à l'enseignement moral?

L'enseignement moral est destiné à compléter et à relier, à relever et à ennoblir tous les enseignements de l'école. Tandis que les autres études développent chacune un ordre spécial d'aptitudes et de connaissances utiles, celle-ci tend à développer dans l'homme l'homme lui-même, c'est-à-dire un cœur, une intelligence, une conscience.

L'instituteur est chargé de cette partie d'éducation, en même temps que des autres, comme représentant de la société : la société laïque et démocratique a en effet l'intérêt le plus direct à ce que tous ses membres soient initiés, de bonne heure, et par des leçons ineffaçables au sentiment de leur dignité et à un sentiment non moins profond de leur devoir et de leur responsabilité personnelle.

Sa mission est donc bien délimitée; elle consiste à fortifier, à enraciner dans l'âme de ses élèves, pour toute leur vie, en les faisant passer dans la pratique quotidienne, ces notions essentielles de moralité humaine, communes à toutes les doctrines et nécessaires à tous les hommes civilisés. Il peut remplir cette mission sans avoir à faire personnellement ni adhésion, ni opposition à aucune des diverses croyances confessionnelles auxquelles ses élèves associent et mêlent les principes généraux de la morale.

Dans cet ordre d'enseignement, ce qui ne vient pas du cœur ne va pas au cœur. Le plus simple récit où l'enfant pourra surprendre un accent de gravité, un seul mot sincère vaut mieux qu'une longue suite de leçons machinales.

XI

On peut regretter, surtout pour ce qui concerne l'instruction primaire, que l'influence personnelle de Burdeau sur l'action gouvernementale n'ait pas été à cette époque de plus longue durée. Malheureusement le ministère Gambetta ne resta au pouvoir que deux mois, et Paul Bert renonça désormais à prendre un portefeuille dans les combinaisons qui suivirent. Burdeau rentra dans le rang, reprit ses travaux simultanés de professeur, de conférencier et de publiciste.

Durant cette laborieuse retraite de quatre années, il se prépara méthodiquement aux travaux de gouvernement auxquels le prédestinait une vocation irrésistible, trouvant le bonheur dans l'affection de sa femme et de ses enfants.

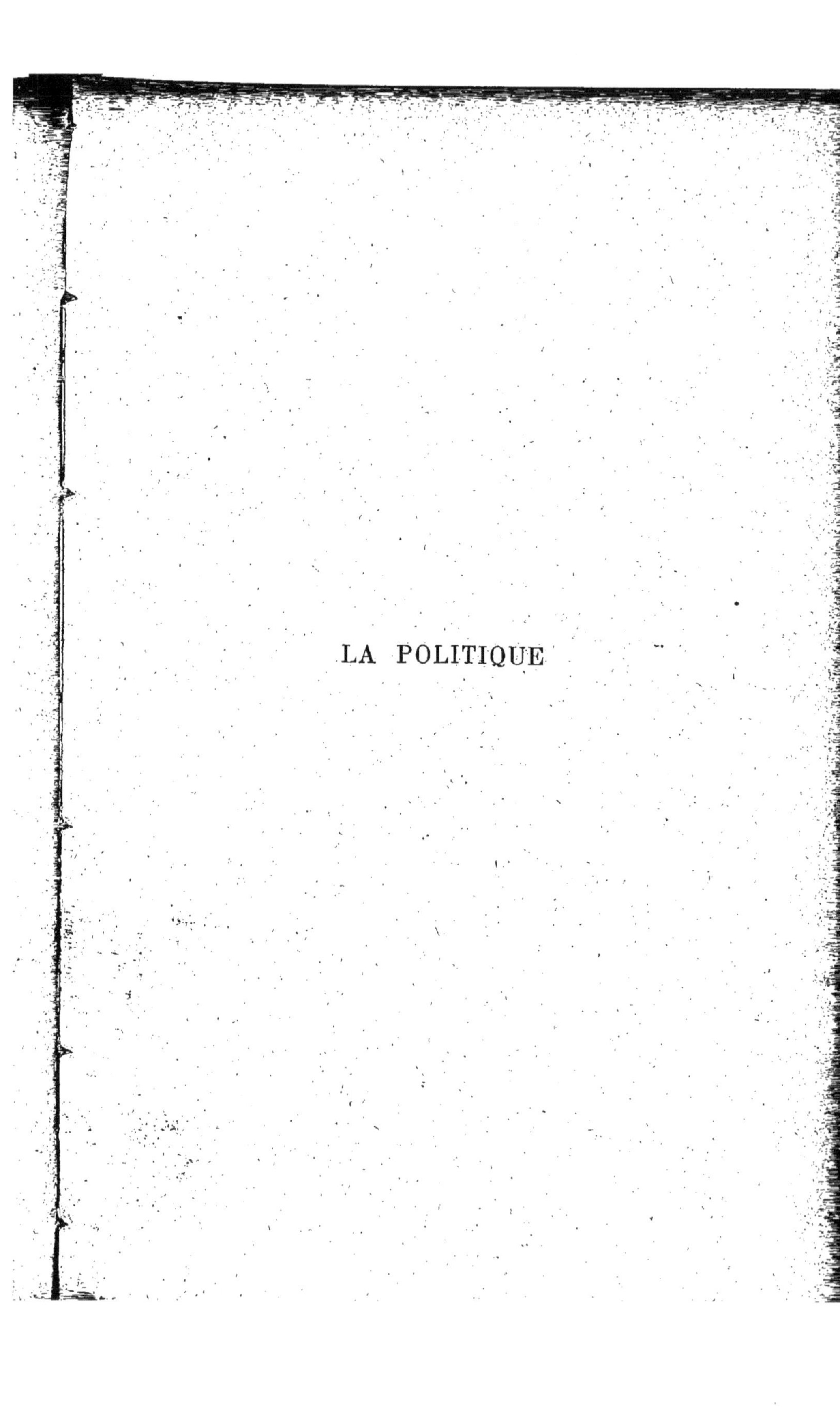

LA POLITIQUE

CHAPITRE VIII

LA POLITIQUE

I

Les élections générales de 1885, faites au scrutin de liste, appelèrent l'attention du département du Rhône sur Auguste Burdeau. Il avait créé à Paris la Société d'économie populaire et à Lyon la Société d'économie politique et sociale. Dans sa ville natale, beaucoup de ses concitoyens se rappelaient ses succès du lycée, sa conduite pendant la guerre, sa nomination de chevalier de la Légion d'honneur, son passage dans le cabinet de Paul Bert. Il pouvait espérer que leurs suffrages se réuniraient sur son nom, et, sans vanité, se croire quelque droit à leur confiance. Le Comité central avait, il est vrai, offert la candidature à Paul Bert, qui n'avait pu l'accepter, à cause de ses engagements déjà pris envers les électeurs de la Seine et de l'Yonne. Dans ces conditions, Burdeau, recommandé par lui, était indiqué pour figurer sur la liste. Les élections devaient avoir lieu en octobre.

Le 7 juin 1885, il fit, au théâtre des Célestins, une

conférence à laquelle assistèrent plusieurs centaines d'auditeurs. C'était la première fois qu'il parlait devant les Lyonnais, et son succès fut très grand. Avant de lui donner la parole, M. Munier, sénateur du Rhône, qui présidait, prononça une courte allocution dans laquelle il rappela le passé d'Auguste Burdeau : « Enfant du peuple, dit-il, devant tout ce qu'il est, suivant sa propre déclaration, à la démocratie qui lui a donné à la fois le pain du corps et de l'esprit, c'est à l'école de sa mère que Burdeau puisa l'énergie et la force de volonté qui sont le propre de sa nature ».

II

Burdeau avait pris pour texte de sa conférence : *la Politique de la vie à bon marché*. Dans un exposé très clair, le jeune orateur fit saisir à ses auditeurs le mécanisme de l'organisation financière.

Il signala le péril que peut faire courir à la France un ministre des finances qui n'hésiterait pas à glaner sans bruit, comme il s'exprimait, sur les divers chapitres du budget extraordinaire quelques millions de droite et de gauche pour les reporter sur le budget ordinaire, en les y distribuant sous des rubriques multiples. Et il démontra que cette gestion financière antirépublicaine consistant à créer des déficits factices était celle d'un économiste distingué. Il examina à la lumière des chiffres, qui lui devenaient déjà familiers, tous les rouages de notre machine fiscale, et tout d'abord les droits de douane, à propos desquels il prenait spirituellement autant qu'énergiquement à partie les protectionnistes, en faisant voir comment l'impôt sur les filés de coton sacrifiait 215 000 ouvriers à 443 filateurs, comment l'impôt sur les blés et les bestiaux, c'est-à-dire sur le pain et la viande, sacrifiait des millions d'ouvriers et de cultivateurs à 200 000 propriétaires. Il énumérait, de ville en ville, ce qu'il appelait les joyeusetés de l'octroi et aussi ses iniquités. Il établissait que, comme tarifs de chemins de fer, la France est le peuple le plus mal servi de l'Europe, et il prouvait que le régime existant était funeste aux grandes villes de France et surtout à Lyon. Il se demandait quelle était la cause du mal et la voyait dans les expédients et les hypocrisies de l'impôt qu'il voulait loyal, frappant prudemment mais résolument et équitablement tous les revenus. Il insistait sur l'urgence de cette réforme et concluait en disant :

« Désormais la grande question de la forme politique de la France constitue la comptabilité et le dossier d'affaires d'une nation. » « La démocratie, ajoutait-il, n'a pas le droit d'avoir la répugnance des chiffres. Nous avons connu une période héroïque où nous luttions pour nos droits primordiaux et où ceux qui parlaient au peuple n'avaient besoin que de faire appel à sa dignité, à ses sentiments généreux; cette période est close par un triomphe définitif. Maintenant une époque nouvelle commence : la démocratie a chassé de la maison les intrus; il faut qu'elle fasse des inventaires, il faut qu'elle descende dans les détails d'intérieur, il faut qu'elle veille aux comptes du ménage. »

III

On peut aujourd'hui souligner ces passages. Ils nous donnent en effet, avec d'autres de la même conférence, les premières vues de Burdeau sur toute une série de problèmes pratiques qu'il se serait certainement efforcé de résoudre, s'il avait vécu plus longtemps. On voit que, même avant son entrée au Parlement il avait un système arrêté sur trois grands points qui auraient fait l'objet de ses études persévérantes, et dont il a commencé à poursuivre la solution. Le premier, le plus important à ses yeux, était le remaniement des impôts dans un sens véritablement démocratique : « Si les idées républicaines ne pénètrent pas dans le système de nos impôts, si elles ne président pas à la gestion des deniers publics, si la clé du Trésor n'est pas remise à ceux qui représentent ces idées, autant vaut dire qu'elles n'ont pas encore triomphé. Qui a les cordons de la bourse est maître. Tant que ces cordons là ne seront pas aux mains du peuple, le peuple pourra faire des déclarations de principes et même des révolutions en parole, mais des réformes non pas. »

Il donnait aussi dès ce moment sa pensée sur le rachat des chemins de fer, qui a suscité tant de polémiques. « Le rachat des Chemins de fer de France est vidé, les questions économiques vont prendre le pas. Une période nouvelle commence. Lyon peut y prendre une part exceptionnelle. Combattre les monopoles, supprimer les privilèges, protéger l'aliment du pauvre, préparer la vie à bon marché, voilà une œuvre digne de cette cité. Michelet a dit de Lyon : « Cette ville est le cœur de la France. » Eh bien ! le cœur, ce n'est pas seulement l'organe des sentiments généreux, c'est aussi l'organe de la civilisation, celui qui lance à travers le corps le sang nourricier. Que le cœur se ralentisse, que les voies soient obstruées, et tout le corps dépérit, et de même tout l'ordre social, si les subsistances rencontrent des barrières, si elles ne vont pas sans obstacles, là où des devoirs les appellent, la misère commence, le paupérisme éclate. Soyez, mes chers concitoyens, ce centre où retentissent toutes les souffrances partielles; soyez la voix qui élève une plainte dès qu'une cause artificielle de misère apparaît, et qui réclame incessamment la libre circulation du bien nécessaire à la vie. Appropriez-vous la maxime de Michelet dans toute l'étendue de sa signification et devenez véritablement « le cœur de la France ».

La parole du conférencier avait cette chaleur communicative qui naît de la sympathie en même temps que de la conviction; mais ce que l'on aimait à constater surtout dans le développement de ses idées, c'était son application à n'invoquer, au cours de son argumentation, que le témoignage des statistiques, dont il faisait un usage sincère. Il annonçait ainsi que le jour où les électeurs lyonnais porteraient sur lui leurs suffrages, il saurait, s'il était appelé à représenter sa ville natale dans les discussions législatives, ne pas se borner à défendre ses opinions mais « demander la vérité aux documents, aux preuves, à tout ce qui habilement conduit se serait, disait-il, déjà fait sans bourse délier. » Et il ajoutait : « Le rachat des Chemins de fer exécuté, c'est le premier coup de canon d'une campagne dirigée contre les grandes Compagnies à monopoles. »

Enfin il laissait entrevoir que le moment arriverait où l'on réclamerait et l'on accorderait la gratuité de l'enseignement dans les lycées pour les mêmes raisons qui avaient fait décréter l'enseignement primaire gratuit et obligatoire. « Le lycée ouvert à l'élite des enfants de l'école populaire, c'est la bourgeoisie dépossédée du privilège dont jouissent ses fils de fournir seuls ou presque seuls au recrutement des écoles de l'État et des carrières libérales. » Qui, mieux que lui, pouvait revendiquer les droits de l'enfant du peuple, et savait ce qu'il en coûte au fils d'ouvrier et de prolétaire pour vaincre tous les empêchements opposés à son élévation dans la société ?

IV

Très applaudi par ceux qui avaient appuyé sa candidature et qui connaissaient de près sa valeur, Burdeau n'en rencontra pas moins une opposition très vive, de la part du Comité radical, qui portait en tête de sa liste M. Édouard Thiers, membre du Conseil général pour le quatrième canton de Lyon, officier brillant, chevalier de la Légion d'honneur pour faits de guerre en 1870, promu récemment capitaine, et chargé en Savoie, puis dans le Rhône, de la construction des forts et routes stratégiques, mais n'ayant point de passé politique. Chose singulière, les radicaux reprochaient à Burdeau d'être un homme nouveau, et c'était leur seul argument contre son élection : « M. Burdeau, disait le *Progrès de Lyon*, quel stage a-t-il fait? Quelles épreuves politiques a-t-il subies? De quelles assemblées a-t-il fait partie? Qui nous prouve la sincérité de ses convictions? Qui nous dit qu'il n'est pas un simple ambitieux? Sera-t-il obstructionniste ou anti-obstructionniste? Tout ce que nous savons de lui, c'est que pendant deux mois il a été chef de cabinet de M. Paul Bert, ce qui n'est pas précisément une preuve bien concluante. Voilà ses titres. » Il en avait d'autres et ses amis purent se borner à les citer, pour montrer qu'il pouvait entrer en lice avec ceux qu'on semblait lui préférer. Le Rhône avait 11 députés à élire. Porté sur la liste de l'Union républicaine, Burdeau obtient au premier tour de scrutin 27 515 voix. Il est le onzième sur la liste totale, et il y a ballottage pour un certain nombre des candidats. Au second tour, il est élu le neuvième sur onze par 86 370 voix sur

136 052 votants. Le lendemain, les journaux républicains, mieux informés, ratifiaient le choix des électeurs en faisant l'éloge du professeur de philosophie de Louis-le-Grand.

V

A la Chambre des députés, on compta beaucoup sur Auguste Burdeau dès ses débuts parlementaires. On se souvenait de cette phrase de sa profession de foi : « Un parti ne peut vivre en France sans respect de soi-même, sans respect de son honneur et de son drapeau », et l'on savait qu'il avait, à Saint-Étienne, donné des gages de son républicanisme. Il se fit remarquer bientôt parmi les députés les plus laborieux et les plus intelligents. Il votait avec les républicains de gouvernement.

Ce que l'on admirait surtout en lui, c'était la somme incroyable de travail qu'il donnait, et l'admirable facilité avec laquelle il se rendait maître des questions économiques et financières, acquérant en très peu de temps une compétence de premier ordre dans ces matières.

Quel que fût le sujet où s'appliquaient sa belle intelligence et son activité que rien ne pouvait lasser, il faisait preuve d'une supériorité devant laquelle s'inclinaient les plus expérimentés. Aussi entra-t-il bientôt à la Commission du Budget.

En 1887 et 1888, il est rapporteur du budget de l'Instruction publique. « La tâche, dit M. Marion, était ardue dans un temps où l'économie la plus stricte s'imposait, tandis que beaucoup restait à faire et que la seule application des lois précédemment votées réclamait toutes les dépenses. M. Burdeau s'appliqua à concilier ces nécessités contraires, en soumettant à un examen minutieux toutes les dépenses de l'Instruction publique, de façon que la suppression des abus et une meilleure répartition des crédits permît, non seulement de faire face aux besoins, mais de réaliser à la fois des économies et des améliorations. C'est ainsi que des chaires purent encore être créées dans les Facultés, les petits traitements accrus et l'avancement sur place organisé dans l'enseignement secondaire, la loi d'obligation appliquée dans le primaire et la condition du personnel relevée. » Le rapport, très commenté par la presse, valut à Burdeau des éloges unanimes. On sentait qu'il allait devenir un des guides de la majorité républicaine. En 1889, il est nommé rapporteur général du budget.

VI

Il n'était pas arrivé sans peine à cet honneur. Il avait dû travailler, piocher, se surmener l'âme et le corps, passer beaucoup de nuits sous la lampe, apprendre toute la politique et ce qu'il y a de plus difficile dans la politique, les secrets de la guerre et de la finance, le mécanisme du budget, de tous les budgets, s'initier dans le détail à cette science compliquée et quasi mystérieuse qui demeure fermée même à la plupart de ceux qui font partie des assemblées parlementaires, pénétrer dans la vérité profonde des choses ; enfin il lui avait fallu prendre successivement tous ses grades.

Il put se rendre compte lui-même de l'autorité qu'il avait déjà acquise à ce moment, puisque, aux élections générales de 1889, il fut élu, le 22 septembre, en tête des candidats, au premier tour de scrutin, député de la 1re circonscription de Lyon, par 6 018 voix contre 3 300 obtenues par les trois candidats radicaux ou socialistes. Sa circulaire électorale eut un grand retentissement. Elle répondait aux préoccupations et aux craintes de l'opinion. Il y montrait « le péril de l'alliance des factions monarchiques avec un aventurier[1] qui a successivement servi et trahi tous les partis ». Puis il exposait son programme :

« Citoyens !

« Votre verdict coupera court à ces entreprises funestes. Comme au 24 mai, comme au 16 mai, à la ligue des adversaires déclarés ou hypocrites de la République, vous opposerez l'union inébranlable de tous les républicains.

« Le programme sur lequel nous vous proposons de vous unir tient en deux mots :

« Défense et affermissement de la République ;

« Développement des réformes sociales et économiques ;

« Travailler à doter la République d'une majorité compacte, d'un gouvernement stable, d'une administration dévouée ;

« Rechercher et provoquer toutes les mesures propres à amener l'amélioration du salariat ;

« Développer les institutions nationales ou privées d'épargne, de secours mutuels, de retraite, de solidarité ;

« Aborder résolument la réforme des impôts, dans le sens d'une répartition plus proportionnelle aux revenus de chacun ; alléger les impôts de consommation et notamment réformer l'impôt des boissons ;

« Préparer le renouvellement des traités de commerce,

1. Le général Boulanger.

par une enquête sérieuse sur les besoins de la production et de la consommation nationales ;

« Tels sont les points essentiels du programme auquel devra se consacrer la prochaine législature.

« L'amélioration de nos lois constitutionnelles et électorales appellera aussi la sollicitude de nos représentants ; ils ne devront l'aborder qu'après un accord préalable, établi sur une formule pratique et par une majorité exclusivement républicaine. »

VII

A son retour à la Chambre, Burdeau fut nommé rapporteur des crédits supplémentaires. Au mois de mars 1890, il est envoyé, avec Jules Simon, comme l'un des délégués de la République française, à la Conférence internationale minière de Berlin, ouverte par l'empereur Guillaume II, pour l'étude des questions relatives aux travailleurs. Il y fait partie de la Commission des mines. Nommé à nouveau membre de la Commission du budget et désigné comme rapporteur général, il coopéra largement, en cette qualité, à l'établissement du budget de 1891, qui comprenait une importante réforme, celle de l'incorporation du budget extraordinaire de la guerre dans le budget ordinaire.

Les questions algériennes se trouvèrent dans cette même année à l'ordre du jour. Burdeau fut chargé par ses collègues de la Commission du budget d'examiner le budget de l'Algérie. Il consacra dix mois d'études approfondies à cette question dont il ignorait, de son aveu, presque tout. « Je ne savais, dit-il, qu'une seule chose, c'est que l'Algérie passait pour traverser une crise, et que son budget paraissait en détresse, puisque dans les Conseils de la colonie on accusait ce budget d'insuffisance et de pauvreté et qu'à la tribune du Sénat on lui reprochait de peser trop lourdement sur les ressources de la métropole. »

Burdeau, afin d'être en mesure d'établir son rapport sur des bases irréfutables, se rendit en Algérie. Les documents qu'il recueillit sur place, les statistiques qu'il put établir, les preuves qu'il examina avec autant de véritable sollicitude que d'absolue impartialité, l'amenèrent à une conviction toute différente de l'opinion qu'il avait avant de commencer son travail : « Notre colonie méditerranéenne, fut-il en droit de conclure, vaut déjà plus qu'elle ne nous a coûté et elle égalera dans l'histoire les plus fameux établissements du même genre, considérés à la même époque de leur développement. Il s'élabore là-bas une race européenne vigoureuse, prolifique, hardie, dont les Français formeront l'élément dominant, et à qui ils imposeront leur langue, leurs mœurs et leur génie. Il ne faut pas désespérer, les siècles aidant, d'élever à nous les Arabes, et l'on peut espérer tout des Kabyles. Avec une administration bien recrutée, instruite de la langue et des choses du pays, fortement contrôlée de la France, rendue enfin indépendante des politiciens, l'avenir de la colonie est désormais assuré, pourvu que les Français continuent à s'y porter comme ils font depuis cinq ou six ans. L'heure est venue où la colonisation en Algérie a cessé d'être une entreprise plus souvent patriotique que profitable; le moment est bon pour aller chercher dans cette France voisine, non seulement des spectacles nouveaux et merveilleux, mais un placement pour les capitaux et un établissement pour les hommes actifs et résolus. »

On a fait assez pour l'Algérie, disait-on, il faut limiter les sacrifices de la France. Cette opinion préconçue ne pouvait s'appuyer que sur trois hypothèses : ou bien le

Parlement doutait de l'efficacité des sacrifices accomplis pour la colonie, et il suffisait pour dissiper ces craintes de rappeler les résultats économiques déjà obtenus en Algérie; ou bien on considérait que l'Algérie en était arrivée à un point de prospérité qu'il n'était pas utile de lui laisser dépasser et dans cette conjecture il fallait rechercher quel était au vrai le degré de son développement; où enfin les dépenses faites par l'Algérie avaient été fructueuses, mais elle devait poursuivre sa croissance et il était nécessaire de développer encore son budget. C'est à cette troisième hypothèse que se rangeait le rapporteur, et dans ces conditions il avait à soumettre à la Chambre les voies et moyens propres à procurer à la fois le développement des ressources de l'Algérie et l'allègement progressif des charges de la métropole.

VIII

Burdeau partait de ce principe que la richesse de l'Algérie se tire toute du sol, et il passait en revue les progrès de la culture, des céréales, de l'élevage, du rendement des vignobles. Il démontrait, avec des chiffres et des tableaux graphiques à l'appui, que par tête la production agricole algérienne dépasse les deux tiers de la production correspondante en France. Examinant ensuite la circulation, il constatait que pour les routes l'activité était supérieure à celle de la métropole; pour les chemins de fer, la comparaison avantageuse avec le réseau français en ce qui concerne le trafic; pour les postes et télégraphes, le développement plus rapide que dans la métropole; et pour la navigation, les progrès brillants.

Il établissait, à la lumière des statistiques, en relevant les chiffres du commerce extérieur depuis 1830, que l'exportation algérienne arrive à équilibrer l'importation, que la puissance commerciale de l'Algérien moyen égale les deux tiers de celle du Français, et que l'Algérie est le cinquième en importance des clients de la France. La richesse immobilière est également prospère. La valeur des propriétés bâties en Algérie dépasse un milliard : elle double en dix ans, c'est-à-dire plus vite qu'à Paris.

« Le but essentiel de notre établissement en Algérie, disait-il, c'est d'y créer, avec le concours d'émigrants européens assimilables, une race de Français qui puisse civiliser et rapprocher de nous les indigènes. » Or, le recensement de 1891 donnait pour résultat un progrès plus rapide de la population européenne en Algérie que celui de la population indigène. La prédominance de l'élément français est désormais assurée. Les résultats de soixante ans d'occupation n'étaient donc pas stériles.

Le rapporteur citait les pages où Prévost-Paradol appelait l'Algérie la chance suprême de la France, et il ajoutait que l'auteur de la *France Nouvelle*, « s'il pouvait voir aujourd'hui, après vingt-trois ans écoulés, l'Algérie telle que l'ont faite les efforts réunis de la métropole et des colons, jugerait peut-être, en face des faits, que les années écoulées et l'argent dépensé n'ont pas été perdus, et que le jour n'est plus aussi lointain où l'Algérie pourra « peser de notre côté dans l'arrangement des affaires humaines » et contribuer à « maintenir un certain équilibre entre notre puissance et celle des autres grandes nations de la terre ».

IX

Dans la deuxième partie de son rapport, Burdeau étudiait l'état des services publics et leurs besoins. Et d'abord le service de la colonisation. Il donnait la définition exacte de la colonisation officielle, qui, suivant lui, doit tendre avant tout et indispensablement à la constitution des villages. Il mettait en relief les vices inhérents à la concession gratuite, la nécessité de la publicité dans le système de la vente, et le soulagement que la colonisation officielle trouvait dans la colonisation libre pour l'accomplissement de sa tâche.

« Le ressort le plus puissant dont l'État peut et doit disposer pour hâter la colonisation algérienne, disait-il, c'est le développement des routes, des voies ferrées, des barrages d'irrigation, bref, de tous les travaux d'utilité publique. »

Il montrait l'insuffisance du réseau algérien et la mauvaise répartition des crédits, l'entretien absorbant tout. Il prouvait que le service des postes et télégraphes était négligé depuis six ans, quoique les recettes fussent croissantes et les dépenses réduites. Il entrait dans des détails très intéressants sur le régime des eaux, la lenteur de la construction des grands barrages, leurs inconvénients, leurs vices et leurs désastres ; il conseillait d'en revenir à des ouvrages plus modestes comme ceux établis par les indigènes, de creuser de vastes abreuvoirs sur les Hauts Plateaux et d'utiliser dans le Tell les puits artésiens qui, dans le Sahara, ont rendu de si grands services. Il appelait l'attention sur le danger du déboisement et sur l'insuffisance de la surveillance, rendant la possibilité des incendies plus fréquente. Il expliquait les inconvénients de dépenses trop faibles pour les forêts et réclamait de nouveaux sacrifices pour les reboisements en chênes-liège.

X

S'occupant ensuite de la sécurité publique, il admettait que les insurrections deviennent rares, mais, par contre, il révélait comme un fait fâcheux l'augmentation des attentats et délits contre les Européens.

« Ce dont on se plaint le plus, disait-il, c'est que ces attentats ne soient l'objet d'aucune poursuite. » Il cite à l'appui de son dire ce fait que la *bechara* a pris, dans ces derniers temps, un développement sans précédent : « quand un colon a été volé, il se trouve toujours quelque indigène qui vient lui offrir confidentiellement de lui faire restituer son bien moyennant un prix à débattre, ce prix est ce qu'on appelle la *bechara*. Les agences de Londres qui rendent, à prix débattu, les titres de bourse volés n'ont, on le voit, rien inventé. Naguère le colon repoussait l'offre de *bechara* et se fiait à la justice et à lui-même pour retrouver le voleur et son butin. Mais il paraîtrait que la justice, pour des raisons d'économie, évite souvent de poursuivre les simples vols, et invite les victimes à se porter partie civile. Comme le voleur est généralement sans ressources, le volé est à peu près sûr d'avoir à payer les frais ; il préfère s'abstenir. Un autre recours, sur lequel il semblait pouvoir compter, lui échappe également : c'est de traduire en justice comme complice, celui qui offre la *bechara*. En effet, la Cour d'Alger hésite à considérer comme illicite l'offre de *bechara*. Les victimes se le tiennent pour dit, et, se conformant respectueusement à l'avis de la Cour, traitent à l'amiable avec leurs voleurs. »

Et le rapporteur ajoutait ironiquement : « L'administration des contributions directes aura à voir si, dans ses conditions, elle ne devrait pas classer les courtiers en *bechara* parmi les patentables. »

La solution du problème de la sécurité était à chercher plus profondément encore que dans une organisation active et sévère de la répression : une bonne administration des indigènes, la fin de certaines vexations auraient plus d'efficacité pour arrêter l'augmentation du nombre des misérables sans terre et sans aide dont se recrute « l'armée roulante ».

L'instruction publique des colons faisait également l'objet de ses observations; il croyait nécessaire d'ouvrir de nouvelles écoles et surtout d'y apprendre l'arabe et le kabyle aux enfants européens et principalement aux jeunes filles françaises, qui, pénétrant aisément dans les familles indigènes, peuvent y entrer en communication intellectuelle avec la femme kabyle ou arabe et favoriser ainsi l'introduction de nos usages et de nos idées.

XI

Dans la troisième partie de son rapport, Burdeau recherchait quelle devait être notre tâche en Algérie envers les indigènes, et il répudiait les diverses méthodes de colonisation connues : l'extermination des vaincus, l'exploitation, l'assimilation par le mariage et la religion. Il passait en revue l'administration des indigènes, le système de communes mixtes et de communes de plein exercice, leurs vices et leurs hypocrisies, et insistait sur la nécessité de soustraire les douars à l'exploitation. Il réclamait la création de l'état civil des indigènes, la constitution de la propriété individuelle, la réforme de la justice dont il faisait un tableau scrupuleusement suggestif, l'urgence de réformer les mœurs en réagissant contre l'usure, de donner une assiette plus équitable à l'impôt en unifiant les rôles, de travailler activement à l'instruction en établissant un réseau d'écoles indigènes couvrant, d'une part, les villes, et d'autre part la région kabyle.

Il protestait ensuite contre notre politique religieuse qui rabaisse le clergé des mosquées, persécute les Khouans et les pousse à la révolte, et il insistait sur la politique d'apaisement. Enfin il indiquait la naturalisation des indigènes comme le terme lointain d'une politique de rapprochement et d'éducation.

La dernière partie du rapport soumettait à la Chambre des députés l'ensemble des voies et moyens proposés par la Commission pour équilibrer le budget de l'Algérie.

XII

Dans la séance du 4 décembre 1891, Auguste Burdeau défendit ses conclusions contre M. Thomson, député d'Algérie. L'orateur était souffrant. La Chambre l'écouta dans le plus grand silence, interrompu à de fréquents intervalles par de chaleureux applaudissements. Les acclamations redoublèrent lorsque Burdeau, répondant aux détracteurs de notre expansion coloniale, prononça ces paroles éloquentes :

« On a soutenu que la colonisation était une œuvre avortée, que nous n'avions réussi là-bas qu'à implanter des colons que jamais les sacrifices de la métropole n'ont pu satisfaire, qui réclament toujours d'elle des sacrifices nouveaux et qui, si elle ne les leur consent pas, sont incapables de prospérer par eux-mêmes ou qui le croient, du moins. On a soutenu que ces mêmes colons ou l'administration qui les encadre étaient accoutumés à traiter les indigènes avec une certaine malveillance, en sorte que chez ces derniers, à une espèce d'oppression ou de tyrannie répondaient des sentiments d'hostilité et de rancunes inavouées, qui pouvaient constituer à l'heure d'une complication européenne un péril immédiat pour la métropole.

« Il faut examiner si ces reproches sont fondés ; s'ils le sont, ils vont plus loin que la question de savoir si nous avons réussi à faire une colonie en Algérie.

« Oui, messieurs, quand on songe à ce que la France a concentré d'efforts sur cette colonie depuis soixante ans, quand on repasse en sa mémoire les hommes qu'elle y a dépensés, les millions qu'elle y a enfouis ; quand on pense que depuis plus d'un demi-siècle, chaque année, la France a levé la dîme de son trop-plein de population, la dîme de son budget, la dîme de ses forces militaires et administratives, afin de fonder de l'autre côté de la Méditerranée, dans une situation unique au monde, une colonie, et qu'après tous ces efforts on voit reparaître cet éternel doute : Est-ce que notre colonie algérienne a réussi ? ou notre entreprise ne serait-elle qu'un avortement ? alors, je le répète, la question qui se pose est plus grande encore que toutes celles qui ont été envisagées jusqu'ici.

« Il s'agit de savoir si la puissance colonisatrice est épuisée dans ce pays. Nous l'avons eue ; nous fûmes l'un des peuples colonisateurs du monde, mais il y a dans l'histoire des exemples nombreux de peuples qui ont eu cette puissance colonisatrice et en qui la sève semble s'être tarie. Sommes-nous donc de ces peuples ? Est-ce que désormais la seule partie de la terre qui soit promise à notre race, à notre sang, à notre langue, à notre génie, c'est ce coin entamé du sol européen qui reste sous nos pieds? Est-ce que, désormais, nous devons renoncer à entrer en concurrence avec les autres nations civilisées, nos rivales, pour le partage du monde qui paraît être l'œuvre du XIXe siècle et qui se continuera le siècle suivant ?

« Messieurs, devant de pareils problèmes, il faut s'armer de la plus sévère conscience pour les examiner.

« Réfléchissez-y, mes chers collègues. Vous vous plaignez que j'aie mis en lumière avec un peu de sévérité peut-être les vices, les défauts, les erreurs de notre administration et de toute notre organisation coloniale en Algérie. L'indulgence est-elle de mise lorsqu'un intérêt, un travail aussi considérable est en jeu?

« N'est-il pas nécessaire que nous fassions nous-mêmes l'examen de conscience le plus rigoureux, le plus impitoyable ? Ne faut-il pas que la lumière la plus crue tombe jusque sur nos vices et sur nos erreurs, et que nous les étalions tous à la face du monde, parce que c'est le seul moyen de les connaître nous-mêmes, de les regretter et de les corriger ? »

Le *Rapport sur l'Algérie*, qui a depuis été publié en librairie [1], est un livre définitif sur la France africaine. Il restera une œuvre classique pour ceux qui s'intéressent à l'avenir de nos possessions du nord de l'Afrique. Il se place à côté du rapport lu par Jules Ferry au Sénat, tous deux formant un monument inoubliable.

1. Librairie Hachette et Cie.

XIII

« Ce fut, dit M. Gaston Calmettes, la période la plus marquante et la plus heureuse de la vie de Burdeau. On en voyait le rayonnement sur son visage. Un peu triste auparavant, avec ce teint pâle, déjà jauni sans doute par les progrès de la désorganisation hépatique et cardiaque, avec ces yeux noirs enfouis dans l'orbite et ces lèvres sévères, à peine entr'ouvertes quelquefois par un sourire grave et doux, d'autant plus charmant qu'il était plus rare, sa physionomie s'était éclairée d'une lumière subite, reflet du contentement intérieur. Sa parole, sa voix s'étaient affermies dans la pleine conscience de l'autorité définitivement assise et du pouvoir infailliblement conquis. A la tribune, sa petite taille grandissait. Son éloquence naturelle, faite tout ensemble de chaleur et de clarté, mais plus encore de clarté que de chaleur, prenait cet accent dominateur qui commande et s'impose. Il se jouait, de haut, à travers les plus épineuses questions de chiffres, il expliquait, il dénouait les difficultés financières d'une main experte dont la dextérité rappelait celle des tisseurs de soie, compagnons laborieux de sa première enfance.

« Il pouvait se croire désormais à l'abri des rancunes politiques, qui assiègent de préférence les hommes éminents. Il se connaissait, il se surveillait, il se possédait, il savait où il voulait aller et se fixer. Il avait mesuré ce qu'on peut faire dans une démocratie par une démocratie. Il avait réglé, dans sa pensée, la marche du train qui nous conduit aux transformations sociales, et il n'entendait pas qu'un chauffeur imprudent fît sauter la machine. Il s'était fait à lui-même son programme — et ses soupapes. »

XIV

Burdeau consacrait le peu de loisirs que lui laissait la politique à écrire des ouvrages de pédagogie, à en inspirer, à composer cette biographie des *Trois Carnot* (*Une famille républicaine*) qu'il ne signa point, mais où tout le monde reconnut sa plume et son esprit. Il avait en France et à l'étranger des amis parmi l'élite des républicains. On savait dans la démocratie anglaise et américaine que ses convictions étaient sincères. On retrouve ses élans dans la préface qu'il écrivit pour le livre du célèbre agitateur irlandais W. O'Brien, qui fut traduit en français sous le titre de *A vingt ans* par Mme O'Brien :

« L'Irlande, disait Burdeau, ne peut compter pour sa délivrance ni sur ses armes ni sur son or : elle est faible et elle est pauvre. Elle n'a pour elle que la justice de ses revendications, et tout son espoir est d'arriver à gagner la sympathie publique..... L'Irlande a fait, en ces dernières années, des pas de géant vers le succès ; elle les a faits parce qu'elle a changé peu à peu de méthode politique, en renonçant aux tentatives criminelles et désespérées, en rassurant par sa modération le parti libéral anglais. L'Irlande peut être fière d'avoir accompli une aussi profonde évolution... Elle a trompé l'attente : tous ses amis applaudissent à sa jeune sagesse. Et pourtant nous aimons encore, en France du moins, à la revoir telle qu'elle était au temps de ses folles équipées... C'est le vieux génie celtique de l'Irlande, c'est sa gaieté indomptable, son héroïsme souriant, son imagination rêveuse et son cœur tendre, sources intarissables de dévouement et d'abnégation, de pitié active pour les victimes, de pardon pour les oppresseurs, voilà ce qui nous séduit, ce qui nous attache à elle par des liens à la fois doux et puissants. L'Irlande triomphera, nous l'espérons, par les qualités politiques qu'elle a su emprunter à l'Angleterre, mais c'est parce qu'elle est restée l'Irlande, c'est parce qu'elle a une âme bien à elle et profondément distincte de l'esprit anglo-saxon, que son triomphe nous est précieux, à nous tous et à toute l'humanité. »

XV

Burdeau semblait n'avoir plus qu'à recueillir le fruit de tant de travaux, lorsqu'il fut chargé du rapport sur le renouvellement du privilège de la Banque de France. Il prononça de remarquables discours dans la discussion générale. Cependant la part qu'il prit aux travaux parlementaires sur cette importante question lui valut de vives attaques dans la presse d'opposition et même des accusations qu'il crut devoir relever afin de les confondre. Il intenta au journal la *Libre Parole* et à son rédacteur en chef, M. Édouard Drumont, un procès qui fut retentissant.

Indigné, il poursuivit son accusateur en diffamation et prononça, devant la Cour d'assises, un discours de cinquante lignes, un discours vibrant, palpitant, véritable monument d'éloquence : « Ce n'est pas pour moi que je plaide, s'écriait l'orateur, c'est pour mes enfants. Je n'ai, pour tout bien à leur laisser, que mon honneur; je vous le confie, messieurs les jurés, faites qu'à ma mort ils retrouvent le seul héritage, la seule richesse de leur père ! »

M. Drumont fut sévèrement condamné. L'opinion publique ratifia l'énergique et victorieuse défense de Burdeau, et la majorité républicaine accentua dans tout le pays la haute estime qu'elle avait pour l'homme intègre, calomnié, exempt de toute composition de conscience, et trop fier de son indépendance pour vouloir jamais la sacrifier à un pacte quelconque avec ce qui n'était pas l'absolue droiture.

Les hautes fonctions et les grandes charges vinrent alors, pour ainsi dire, le trouver.

XVI

Auguste Burdeau était admirablement préparé à toutes les œuvres de la politique et du gouvernement. Lui qui semblait plus spécialement désigné pour prendre, dans une combinaison ministérielle, le portefeuille des finances ou de l'instruction publique, c'est par le ministère de la Marine qu'il a débuté au gouvernement..

C'était pendant l'expédition du Dahomey. La Chambre, mécontente des opérations préliminaires et surtout du défaut d'entente entre les troupes de la marine et de l'armée de terre, avait renversé M. Cavaignac, alors ministre de la marine. La succession de M. Cavaignac fut offerte à M. Burdeau qui l'accepta et qui sut, par des ordres énergiques, obtenir une cohésion parfaite et une exécution décisive dans nos efforts au Dahomey. Il réussit à la marine mieux qu'un marin, organisa supérieurement tous les services de l'expédition, dont il confia le commandement exclusif au général Dodds, et lorsque celui-ci remporta ses victoires qui mirent fin à la tyrannie de Behanzin, et assura le protectorat de la France sur le Dahomey, ce fut à Burdeau, que l'opinion attribua avec justice l'initiative de cette brillante conquête, en reconnaissant unanimement la part de gloire qui lui revenait dans cette entreprise.

Les conflits parlementaires ne lui permirent pas de mettre à exécution les projets qu'il avait faits pour la réorganisation de bien des choses dans la marine française. A la suite d'intrigues politiques, comme il s'en produit fréquemment dans les compétitions de portefeuilles ministériels, le ministère tomba, et Burdeau reprit sa place sur son banc de député du Rhône. Aux élections générales de 1893, il fut nommé député de la première circonscription de Lyon par 4 346 voix contre 3 435 données à son concurrent, M. Méra.

Au milieu de ses travaux parlementaires, Burdeau n'oubliait pas ceux à qui il devait, comme il le disait, « le meilleur de lui-même. » C'est ainsi qu'il se faisait un plaisir, un bonheur, d'assister aux fêtes de famille de Sainte-Barbe et de l'École normale. Ce fut pour lui une grande joie d'être appelé en 1893 à prononcer le discours d'usage à la distribution des prix du Collège. Cette allocution a un caractère particulier de tendresse filiale, qui révèle une fois de plus un des côtés si remarquables de l'âme de Burdeau.

« J'ai été, disait-il, élève de Sainte-Barbe encore plus que la plupart d'entre vous, mes chers amis, j'ose le dire, car j'étais pupille de l'Association, qui était allée, comme tant d'autres, me chercher dans mon lycée de province, pour me doter d'une bourse, et me donner les maîtres excellents à qui je dois l'événement le plus heureux de ma vie et le plus décisif : mon admission à l'École normale.

« J'ai travaillé sur vos bancs. J'ai assisté aux conférences du vénérable et bon père Guérard, cet incomparable artiste en thèmes grecs. J'ai reçu les leçons de Despois, de ce quasi-proscrit recueilli par le vieux libéralisme barbiste, qui nous faisait du *Conciones* non plus une simple école de rhétorique, mais une école d'histoire, de morale et de patriotisme. J'ai pris part, dans notre cour des grands, à ces récréations qui alors se passaient à tourner en rond, dans un sens fixé par l'usage : marcher en sens contraire, c'était bouleverser l'ordre ; un janissaire renversant la marmite n'aurait pas donné plus clairement le signal de la révolte. J'ai connu le célèbre hôtel Baldé, dont le nom peut-être est déjà effacé de vos mémoires, tant les gloires humaines sont fragiles ! L'hôtel Baldé était une vieille masure, située dans la défunte rue des Sept-Voies : une section était installée là, et se préparait à l'École normale. Elle jouissait de franchises locales exceptionnelles, qui en faisaient une aristocratie, jalousée par le commun des barbistes, et pleine à son tour de dédains pour le peuple.

« Ces privilèges consistaient d'abord à être éveillé à la pointe du jour par les cris des marchands des quatre-saisons, et dérangé le reste du temps par les jeux de la marmaille et les querelles des commères d'alentour : admirable observatoire de psychologie populaire, où plus d'un romancier futur apprenait à étudier l'âme humaine sur des sujets qui ne cherchaient pas à dissimuler. C'est là que le talent de mon ami Bourget fit ses premières armes, avant de se transporter dans de plus nobles sphères, moins différentes pourtant que peut-être il ne le croit lui-même.

« Nous avions encore d'autres avantages : nous couchions dans des pièces fort étroites et d'une fraîcheur remarquable, surtout l'hiver ; mais comme il n'y tenait que trois ou quatre lits, cela ne pouvait pas s'appeler des dortoirs : c'étaient des chambres, et vous sentez toute la différence. Par dessus tout, nous possédions le droit de porter nous-mêmes nos lettres à la boîte, qui était en bas de la maison, à l'entrée même : droit précieux pour quelques-uns aux heures où les travaillait l'impérieux besoin de fumer une cigarette, l'expérience ayant démontré qu'il était impossible de trouver la boîte aux lettres en moins d'un bon quart d'heure, ni avant de l'avoir vainement cherchée sur toute l'étendue de la place du Panthéon.

« J'ai pratiqué durant une année entière ces multiples exercices ; j'avais ainsi mérité quelques prix. Je les ai même eus, mais sans apparat, sans musique et sans discours. Vous ne le croirez peut-être pas, mais les discours eux-mêmes m'ont manqué. J'ai longtemps regretté le jour de fête qui m'a été ainsi ravi. Il m'est enfin rendu aujourd'hui, et me voilà consolé. Il n'y a qu'une chose, bien entendu, dont je ne me console pas : c'est de faire moi-même le discours que je devais entendre.

« J'ai tort de parler légèrement de ces choses, mes jeunes amis. L'énigme que je vous propose a un mot, et ce mot est sérieux, il est triste. L'année dont je parle, l'unique année que j'ai passée à Sainte-Barbe, l'unique année où Sainte-Barbe n'ait pas fait de distribution de prix, c'est l'année 1870. A la date où nous sommes, le sort des armes ne s'était pas encore prononcé contre nous : mais déjà le désarroi était partout ; de tristes appréhensions naissaient dans les esprits ; chacun les taisait, mais l'aveu de l'angoisse publique n'en ressortait pas moins de l'universelle répugnance pour toutes les fêtes, pour toutes les manifestations joyeuses. C'est dans le parloir de Sainte-Barbe, dans les greniers de Louis-le-Grand, que fut opérée la remise de nos livres de prix, par des subalternes, au milieu d'une hâte et d'un silence mornes. Pauvres enfants, enveloppés dans l'épouvante de tout un peuple, nous rentrions dans nos familles, pleins d'effroi, semblables au laboureur pressé par les signes précurseurs de l'orage, et qui, ramenant sa moisson vers ses granges, pressent la foudre déjà suspendue sur elles et prête à détruire ses dernières espérances.

« Quels changements, ô mes amis, depuis ces jours sinistres ! Comme on voit, à vos visages aisément riants, pleins de gaicté et d'une confiance toute française dans l'avenir, que vous n'avez pas vu ce spectacle terrible et inoubliable, d'un peuple tout entier consterné à terre par l'excès de son désastre.

« Aujourd'hui, les fondations ébranlées de la Patrie sont refaites; cette tâche obscure, que nous avons poursuivie au milieu des doutes insultants de nos ennemis et sous les marques de la pitié plus injurieuse encore de prétendus amis, elle est terminée : à vous, mes camarades, d'achever l'édifice, de le couronner, et s'il y manque encore une aile jadis enlevée par le barbare, d'en préparer la restitution.

« Du moins, vous travaillerez en pleine lumière, sous le regard surpris de nos rivaux, dont vous aurez la joie de voir la jalousie grandir avec votre œuvre. Je sais que ce sont là vos pensées : je les lis dans vos regards, et je remercie ceux qui m'ont fourni cette occasion de retremper parmi vous ma foi dans les destinées de la France. »

En terminant, Burdeau disait avec une éloquence émue :

« Dans la société, quand vous serez mis en face des problèmes que fait naître l'illégalité naturelle des hommes, ne soyez pas de ceux qui se résignent trop aisément à ce qui est, et qui jugent que le monde est le meilleur possible, dès l'instant où ils n'y sont pas trop mal. Révoltez-vous contre les injustices du sort, quand elles atteignent vos semblables ; soyez de ceux qui pensent que la société a été organisée pour assurer à chaque homme un bien-être proportionné à ses mérites ; demeurez, tant que cet idéal ne sera pas atteint ou approché, des mécontents obstinés, d'infatigables artisans de progrès, et ne doutez pas que ces révoltes fécondes et raisonnées des âmes éprises d'équité sociale sont le plus sûr garant contre les révolutions.

« Enfin, mes chers amis, vous êtes la génération nouvelle et vous allez recevoir des mains de vos aînés le dépôt sacré du patrimoine national. Vos devanciers ont fait leurs efforts pour vous le transmettre intact et même agrandi. Sur un point, hélas ! et c'est le chagrin de leur vie, ils vous le livreront peut-être diminué et entamé. Une nécessité plus forte que nos courages, a arraché de nos mains un lambeau du sol sacré qui avait été remis à notre garde. Contre des nécessités pareilles, mes jeunes camarades, soyez d'éternels révoltés. Ne vous consolez jamais ; ne vous résignez jamais ; prononcez en vous-mêmes le serment patriotique des éphèbes athéniens, et jurez devant votre conscience de ne pas laisser à vos successeurs la patrie amoindrie et humiliée, mais, au contraire, plus grande et plus forte. »

XVII

Après la chute du ministère présidé par M. Charles Dupuy, le nouveau cabinet formé par M. Casimir-Périer, s'associa Burdeau comme ministre des finances. Pendant les négociations qui précédèrent la solution de la crise ministérielle, Burdeau donna les preuves les plus grandes de son dévouement aux intérêts du pays. Son avènement aux Finances fit espérer que l'on allait entrer dans l'ère des réformes. Il était dans ce poste difficile encore mieux à sa place qu'à la Marine. Le budget qu'il présenta portait la marque de ses sentiments démocratiques et de la connaissance intime et équitable qu'il avait des aspirations populaires. Ce projet de budget mettait en pratique les principes exposés par M. Casimir-Périer dans sa déclaration ministérielle, lorsqu'il parlait de demander à la « richesse acquise » les sacrifices nécessaires pour soulager les misères du peuple. Le ministère présidé par M. Casimir-Périer tomba avant que les projets de Burdeau eussent pu venir en discussion devant la Chambre. Ces projets contenaient une idée originale, nouvelle, la taxe d'habitation, qui rencontra

SADI CARNOT

une violente hostilité dans la Commission du budget, mais qui témoignait des efforts de Burdeau pour sortir des routines.

La chute du ministère Casimir-Périer rendit à Burdeau la liberté.

Il était malade et brisé. Sans en convenir devant personne, il avait été atteint au cœur par les calomnies de la *Libre Parole*. Il suivait lui-même, silencieusement, les progrès du mal dont la marche ne se laissait que trop exactement calculer. Convaincu que les années, les mois peut-être, lui étaient mesurés par le sort avec une implacable parcimonie, se sachant certainement perdu à brève échéance, il se reposait de sa vie de fatigues et de luttes, prodiguées avec tant d'abnégation, lorsque le 24 juin 1894 eut lieu l'assassinat du président Carnot, dans cette même ville de Lyon, dont Burdeau était le premier député.

La crise qui suivit la terreur anarchiste, la nécessité reconnue par la majorité républicaine de continuer la politique du gouvernement, rejetèrent Burdeau dans le tourbillon. Une vive amitié, une grande estime l'unissaient à M. Casimir-Périer que l'on désignait comme le futur président de la République, mais qui hésitait à prendre le fardeau de cette magistrature suprême. Ce fut Auguste Burdeau qui triompha de ses objections. M. Casimir-Périer céda enfin à ses instances, mais il aurait voulu que son premier ministère eût Burdeau pour chef. L'état de santé du député du Rhône ne lui permettait pas de prendre le pouvoir : il accepta le fauteuil présidentiel de la Chambre, laissé vacant par M. Casimir-Périer, et fut élu dans la séance du 5 juillet 1894, à la majorité de 259 voix contre 157 sur 454 votants. En prenant possession du fauteuil, il prononça le discours suivant :

« Mes chers collègues, l'honneur que vous me faites en m'appelant à ce poste dépasse trop manifestement mes mérites et mes forces, et la gratitude dont je me sens pénétré devant cet acte de bienveillance serait sans égale, si je n'éprouvais plus vivement encore la crainte de rester au-dessous d'une si haute et si difficile tâche.

« Maintenir les règles de la discussion libre et du respect mutuel des opinions; garantir à toutes les convictions un droit égal à se produire à cette tribune; obtenir de tous une même déférence pour les décisions de la majorité; défendre, en un mot, les principes essentiels du régime parlementaire, qui sont le patrimoine commun de tous les partis, parce qu'ils sont le rempart commun de toutes les libertés. (*Très bien, très bien!*) voilà bien la noble fonction dont ont réussi, jusqu'à ce jour, à s'acquitter mes prédécesseurs, avec quelle autorité, avec quel tact, avec quelle bonne grâce, et, quand il le fallut, avec quelle intrépidité, vous en avez gardé le souvenir (*Applaudissements*).

« Il est nécessaire aujourd'hui, autant que jamais, que nous demeurions fidèles à ces belles traditions. Nous devons au pays, que de douloureux événements n'ont pas certes troublé, mais ému jusqu'au fond du cœur, le spectacle fortifiant d'une Assemblée qui délibère dans l'ordre et le calme, où l'ardeur la plus vive, la liberté la plus large dans l'expression des idées, n'excluent ni la tolérance, ni l'urbanité, et où la gravité et l'élévation du débat annoncent déjà la majesté de la loi qui doit en sortir (*Applaudissements prolongés*).

« Nous lui devons surtout — et seul un travail méthodique peut nous y conduire — des résultats législatifs, des votes qui d'abord assurent la marche des affaires publiques et qui soient un gage de votre capacité d'aboutir, sans précipitation, mais sûrement, aux réformes que la démocratie espère de nous. (*Très bien, très bien!*)

« Ce but, mes chers collègues, il dépend de vous, infiniment plus que de votre président, de faire que cette Chambre l'atteigne.

« Je promets d'y consacrer tous les efforts dont je suis capable, mais le meilleur des forces que j'y pourrai vouer, c'est à vous que je les demande. Je les puiserai à la source intarissable de toute énergie, dans le sentiment même du devoir que m'impose votre confiance et aussi, qu'il me soit permis de le dire, dans cette indulgente bonne volonté dont vous venez, par votre choix, de me donner un précieux témoignage et qui est déjà une preuve de cordiale coopération (*Applaudissements*).

« Toute l'autorité dont je pourrai disposer, c'est de votre assentiment quotidien que je la tiendrai. Je m'en souviendrai pour m'appliquer à n'en faire qu'un usage impartial, modéré comme sans faiblesse, également respectueux de la dignité de chacun des représentants de la nation et soucieux des conditions indispensables aux débats d'une grande Assemblée (*Vifs applaudissements*). »

XVIII

Il eut l'occasion de prouver, pendant une période malheureusement bien courte, que le *leader* brillant de la majorité parlementaire n'était pas seulement un éloquent et habile *debater*, mais un esprit calme, de sang-froid, sachant maintenir son autorité dans les débats par la direction des discussions autant qu'il l'avait fait par la parole. Honoré, respecté, il n'échappait point à la sourde malveillance de l'opposition. Les enfants perdus des groupes turbulents dirigèrent contre lui, à plusieurs reprises, de petites attaques sournoises qu'il ne relevait qu'à de rares intervalles, quand elles prenaient un caractère tout à fait personnel.

On en eut la preuve dans l'incident Rouanet (Séance du 6 novembre 1894), où, directement pris à partie par l'orateur, il sut, avec autant de tact que de fermeté, renfermer la discussion dans les limites des règlements, en revendiquant sa liberté d'écrivain et en disant : « J'ai prouvé, dans d'autres circonstances, que votre président ne craint pas que ses opinions soient mises en cause, toutes les fois qu'elles étaient vraiment dans le débat, alors même qu'elles avaient été exprimées hors de cette enceinte. »

Burdeau présidait doucement, méthodiquement, sans férule, plus enclin, dans la fièvre qui le minait, à calmer qu'à punir. Il avait cette première vertu de l'homme : le courage. Comme ce philosophe de l'antiquité, ou plutôt comme ces autres philosophes universitaires, Bersot, Fustel, qui ont su admirablement souffrir et mourir, il dominait la douleur, il la méprisait, il la défiait de l'abattre, il employait bravement, au service du pays, ce qui lui restait de souffle et de force. Il présidait, mourant, dans l'orage et la tempête. Il avait dit à M. Casimir-Périer : « Usez de moi comme vous l'entendrez ; je suis à vous — jusqu'à la fin ! »

Les petites allocutions qu'il prononcait au fauteuil sont des modèles achevés de distinction littéraire, de finesse et de tact. Telle l'annonce du décès de M. le docteur Guéneau, député de la Côte-d'Or, mort à quarante et un ans, et précédant de quelques jours à peine Burdeau lui-même dans la tombe. Tel aussi le petit discours pour associer la Chambre des députés au deuil de la nation russe et de la nation française après la mort du tsar.

XIX

C'était dans la séance du 5 novembre 1894. Le président Burdeau, après avoir pris place au fauteuil, donna lecture de la communication par laquelle le président du Conseil,

M. Charles Dupuy, au nom du Gouvernement de la République, annonçait officiellement à la Chambre des députés la mort de S. M. Alexandre III.

Cette lecture achevée, au milieu du plus profond silence, M. Burdeau se leva et dit :

« Je suis certain, mes chers collègues, de traduire la pensée de la Chambre en déclarant que le Gouvernement a été, auprès de la famille impériale et du peuple russe, le fidèle interprète de nos sentiments. (*Très bien, très bien!*) Le coup qui frappe si cruellement une nation amie ne pouvait avoir nulle part un écho plus profond que dans cette Assemblée, où viennent immédiatement se répercuter les émotions de la France entière (*Applaudissements*). C'est, en effet, de l'âme même des deux nations que jaillit cette sympathie mutuelle dont les manifestations ont, à plusieurs reprises déjà, frappé le monde, et que les tristesses partagées, autant que les joies et les fêtes communes, n'ont cessé d'alimenter (*Nouveaux applaudissements*). En apportant aujourd'hui, au cortège de deuil que mènent le Gouvernement et le peuple de Russie, le concours de nos regrets et de notre douleur, nous ne faisons que continuer cette tradition et affirmer un sentiment qui est celui de la nation tout entière. (*Très bien, très bien!*) La mémoire de l'empereur Alexandre III, associée pour nous à d'innombrables souvenirs, vivra dans le cœur de la France comme dans celui de la Russie (*Approbation*). Elle formera l'un des plus solides anneaux de cette chaîne fraternelle qui s'établit entre les deux nations pour leur bien commun et pour la paix du monde (*Vifs applaudissements*). Votre président sait d'avance qu'il obéit à votre volonté unanime en vous proposant de lever la séance en signe de deuil (*Assentiment unanime*). »

Très affaibli, il dut souvent, à partir du 10 novembre, s'abstenir de diriger les travaux parlementaires et se faire remplacer par les vice-présidents, mais chaque fois qu'il croyait pouvoir tromper le mal qui l'enchaînait, il se faisait porter au fauteuil présidentiel, pour ravir une journée de plus à l'éternelle inaction. Il voulait mourir debout. Sa voix, naguère si vibrante, était brisée par la souffrance, on l'entendait à peine, mais on l'écoutait avec un véritable recueillement. Ses nombreux amis s'inquiétaient: ils ne se faisaient pas d'illusion sur l'imminence de sa fin.

Souvent après la séance, il s'entretenait, rentré chez lui, avec quelques intimes, oubliant les questions politiques, pour revenir à ces questions éternelles qui avaient été la joie et la passion de sa jeune existence, et qui se présentaient à lui avec une majesté plus imposante à mesure que le terme de sa vie lui paraissait plus prochain. Les fruits de sa belle éducation métaphysique avaient dans son âme gardé toute leur fraîcheur. Il exprimait le vœu que l'accord fondamental qui existe entre l'antique spiritualisme et l'école philosophique à laquelle il appartenait, fut hautement avoué. Dans ces entretiens socratiques, où apparaissaient la clarté de son intelligence, la rare compréhension de son esprit, l'homme politique des fiévreuses agitations de l'existence parlementaire redevenait le philosophe contemplatif, simple, affectueux, le normalien qui aimait sa famille universitaire, comme il avait aimé sa mère et les siens. Quelquefois, sur ses lèvres déjà bleuies et tremblantes, revenaient des strophes des *Sapins* ou des *Pins* de Pierre Dupont, ses deux souvenirs favoris, et alors il parlait, avec une sorte d'orgueil légitime, de tout ce qu'il avait espéré et réalisé dans sa vie si brève où rien n'avait été livré au hasard, à l'inutilité.

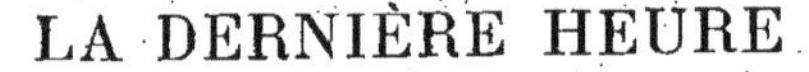

LA DERNIÈRE HEURE

CHAPITRE IX

LA DERNIÈRE HEURE

I

Le mardi 4 décembre 1894, Auguste Burdeau présida la Chambre pour la dernière fois. Il venait de reprendre le fauteuil après une absence de trois semaines, le 29 novembre : il avait eu l'énergie d'y reparaître, la poitrine couverte de ventouses scarifiées, sans que personne, hors de son entourage intime, s'en doutât. Le soir même, en rentrant dans ses appartements, il se sentit très faible; le lendemain, il ne put présider un dîner auquel il avait depuis plusieurs jours convié les membres du bureau de la Chambre. Le mal qui venait de faire sentir ses nouvelles atteintes ne fit que s'aggraver progressivement. L'inquiétude s'accrut, lorsque les médecins constatèrent l'existence d'une congestion pulmonaire consécutive à l'affection cardiaque.

Le malade, depuis ce moment, fut saisi d'un délire intermittent, alternant avec des périodes d'affaissement et de somnolence. Détail touchant : même dans son délire, les paroles qui s'échappaient de ses lèvres se rapportaient toutes à sa femme et à ses enfants dont l'avenir était la seule préoccupation qui agitât son cerveau. Dans les moments de somnolence, il reconnaissait sa femme au seul bruit de ses pas, et, se réveillant à demi, lui adressait quelques paroles affectueuses.

M. Casimir-Périer vint le voir deux fois. Lors de sa première visite, Burdeau l'attendait avec une impatience en quelque sorte fébrile. Il avait même recommandé qu'on le soulevât dans son lit et qu'on l'adossât à des coussins pour qu'il pût s'entretenir plus commodément avec le président de la République, mais il ne le reconnut point. Cependant, au bout de quelques instants, affranchi du délire, il demanda si le président de la République n'allait pas venir bientôt. On lui répondit qu'il était à peine hors de la chambre. Il supplia sa femme de le rappeler, et M. Casimir-Périer qui n'avait pas encore quitté le Palais-Bourbon, s'empressa de revenir au chevet du malade. Burdeau eut la force de lui serrer la main, de s'entretenir avec lui pendant quelques moments en faisant preuve d'une présence d'esprit et d'une énergie physique surprenantes. Il lui dit qu'il se sentait bien gravement atteint, qu'un de ses grands chagrins serait de ne pouvoir rester son collaborateur dans la tâche difficile à laquelle il l'avait, en quelque sorte, appelé lui-même. Et il se désolait de le tromper pour ainsi dire dans son attente. M. Casimir-Périer, profondément ému, essaya de le rassurer sur son état, et le supplia de bannir de son esprit toute préoccupation au sujet de l'avenir de sa famille.

II

Dans la nuit du lundi au mardi son état s'aggrava, et dans la journée du mardi aussi ; il resta partagé entre les accès de délire et ceux de sommeil. A quatre heures, le président de la République revint au Palais-Bourbon. Mais comme le malade se trouvait dans l'état de somnolence, M. Casimir-Périer n'entra pas dans la chambre, et se retira après avoir exprimé à Mme Burdeau tout le chagrin qu'il éprouvait de la maladie de son mari.

Quelques instants après, Burdeau reprenait connaissance, et pouvait s'entretenir assez longtemps avec ceux qui étaient autour de son lit.

Lors de sa dernière visite, le mardi, à onze heures du soir, M. le docteur Landouzy avait laissé le président de la Chambre beaucoup plus calme : la fièvre était moins violente et une lueur d'espérance apparaissait. Malheureusement la nuit, relativement paisible, fut suivie d'une série de syncopes, survenues dès les premières heures du matin.

A sept heures, pris d'un étouffement, le malade s'éveilla; les internes de garde s'empressèrent, cherchant à le sauver de cette nouvelle crise. Leurs efforts furent vains : à huit heures un quart, Auguste Burdeau rendait le dernier soupir. sans souffrance apparente, s'éteignant doucement, entouré de sa famille, et d'amis fidèles. Une embolie s'était déclarée.

III

Le mercredi, 12 décembre 1894, Auguste-Laurent Burdeau mourait à quarante-trois ans, l'âge même, ou peut s'en faut, où fut emporté Gambetta.

Aussitôt après qu'il eût rendu le dernier soupir, M. Clos, chef de cabinet du président de la Chambre, se rendit à l'Élysée et fit part de la douloureuse nouvelle à M. Casimir-Périer.

Le président de la République s'attendait au fatal dénouement, mais la mort de M. Burdeau l'impressionna fortement. Il l'aimait comme un ami sincère, il l'estimait, et de grosses larmes coulèrent de ses yeux quand il apprit que tout était fini. Le plus ferme appui sur lequel il avait cru se reposer, disparaissait. Déjà peut-être alors s'éveilla en lui ce découragement qui, un mois après, devait lui faire abdiquer son rôle de chef de l'État.

Immédiatement après avoir été prévenu du triste événement, M. Casimir-Périer envoya chez Mme Burdeau, M. Lafargue, secrétaire de la présidence, pour lui faire part de ses regrets et lui transmettre ses condoléances en son nom et au nom de Mme Casimir-Périer.

Le chef du cabinet de M. Burdeau annonça également la mort du président au ministre de l'Intérieur, dont les relations amicales avec M. Charles Dupuy dataient, comme on se le rappelle, de l'époque où tous deux avaient appartenu à l'Université. M. Dupuy, en recevant M. Clos, fut vivement affecté. A la présidence du Sénat, chez M. Challemel-Lacour, et chez les vice-présidents du Sénat, cette même scène poignante se renouvela.

Dans l'intérieur du Palais-Bourbon, la journée se déroula au milieu d'une tristesse profonde. Tous les députés avaient appris avec émotion la catastrophe. A la présidence de la Chambre l'affluence était immense. On s'inscrivait en foule sur le registre ouvert dès la première heure. Tous les ministres, ainsi que les plus hautes personnalités politiques, diplomatiques, universitaires, littéraires, se succédaient en un long défilé silencieux.

Malgré sa grande douleur, Mme Burdeau, veuve du président, avait tenu à accueillir tous ceux qui avaient connu et aimé Burdeau et qui se présentaient en foule au Palais-Bourbon. A ses côtés, étaient MM. Étienne et Ruiz, deux des plus intimes amis du défunt.

A quatre heures, M. Casimir-Périer se rendit à la présidence de la Chambre. Il fut reçu par MM. Chaudey, Fargeau, Lebon, puis introduit auprès de Mme Burdeau, à qui il renouvela ses condoléances. Lorsqu'il pénétra ensuite dans la chambre mortuaire, où le défunt était étendu habillé de noir, sur le modeste lit blanc à filet bleu, avec des tentures en perse à fleurs, M. Casimir-Périer ressentit un brisement de cœur et ses yeux restèrent longtemps fixés, dans un morne abattement, sur celui dont les conseils si précieux lui étaient désormais enlevés.

IV

A Paris, la nouvelle du décès de Burdeau avait été accueillie avec consternation. On savait déjà que ce serviteur de la démocratie, tombé au poste d'honneur et accusé d'être riche, mourait pauvre, que sa seule gloire était d'avoir apporté dans toutes les actions de sa vie un labeur incessant, une probité toujours indéniable, et cette gloire — inconnue de son vivant, — mettait une auréole à son front pâli par la mort. Cette mort prématurée, la fin précoce de cette radieuse espérance était pour tous, sans en excepter les sceptiques, choses lamentables. Tous les journaux, même ceux qui l'avaient combattu, faisaient son éloge et lui consacraient des articles de regret. On parlait avec une véritable tristesse de la disparition de cette intelligence, l'une des plus hautes et des plus lumineuses qu'ait donnée à la politique la génération à laquelle il appartenait. On s'accordait unanimement à dire que la France perdait en lui un serviteur désintéressé, quoi qu'en eussent dit ses adversaires et, sans conteste, le plus remarquable que l'on eût vu descendre prématurément dans la tombe depuis la mort de Gambetta et de Jules Ferry.

« La France n'est pas assez riche en hommes de cette valeur, disait le *Salut public* de Lyon, journal conservateur, pour qu'on ne déplore pas la mort de M. Burdeau. S'il avait recouvré la santé, il aurait contribué puissamment à la reconstitution du gouvernement. Le destin en a décidé autrement. M. Burdeau est mort, alors qu'il était en pleine jeunesse et en pleine élévation, alors qu'il pouvait oublier les sacrifices du début et, qu'entré dans la vie sans fortune et sans appui, il occupait, à quarante-trois ans, le palais du duc de Morny et y était à sa place. »

V

Le *Temps* résumait, en ces lignes émues, cette belle carrière si brusquement interrompue.

Quelle existence plus noble et plus virile que la sienne? Fils du peuple, porté par une intelligence supérieure vers les études littéraires, boursier au lycée de Lyon, il était déjà, à quatorze ans, l'homme de cœur et d'abnégation que nous avons toujours connu : il soutenait alors sa famille tout entière du maigre produit de quelques répétitions. Plus tard, entré à l'École normale, il la quitte au moment de la déclaration de guerre, pour aller défendre la frontière menacée; il se signale par une conduite si éclatante qu'il est décoré de la Légion d'honneur avant même d'avoir terminé ses études.

Le voici agrégé et professeur de philosophie : citoyen, il mène une active campagne en faveur des idées libérales; homme privé, il assume les dettes d'un frère mort, et, au prix d'un effort de travail où il risque de perdre la santé, il se libère. Et cet homme, qui n'a jamais connu la fortune, qui meurt jeune encore, sans laisser aucun bien à ceux qui lui étaient si chers, cet homme a été l'une des plus signalées victimes de ces polémiques sans justice comme sans mesure dont est faite aujourd'hui l'existence des hommes politiques les plus dévoués à leur pays et à leur parti.

Avec le sentiment du devoir, Burdeau possédait une énergie peu commune, une chaleur et une délicatesse de cœur exceptionnelles, une indépendance de pensée qui en faisait un puissant esprit. Tous ceux qui l'ont approché, particulièrement en ces derniers mois, ont admiré la force de caractère avec laquelle il cherchait à surmonter le mal affreux qui l'envahissait. Tous se sont sentis émus jusqu'aux larmes de la sérénité d'âme qui lui permettait de rester avec le moindre visiteur bon, affable et spirituel, tel, enfin, qu'on l'avait vu aux jours de sa pleine vigueur. Tous aussi étaient à la fois charmés et entraînés par la conception si large et si généreuse qu'il se faisait des besoins de notre pays et par l'éloquence communicative qu'il mettait à tracer la voie des réformes nécessaires. Nul, depuis Gambetta, n'a uni un amour plus profond et plus sincère de ces masses populaires dont il était directement issu à une appréciation plus saine et plus virile des destinées de la patrie. Il était comme le lien vivant entre le passé et l'avenir, dépositaire fidèle des glorieuses traditions de nos ancêtres, en même temps que minutieusement attentif aux aspirations de notre démocratie.

De tels hommes sont l'honneur et la force de leur patrie. Lorsqu'un sort implacable vient les arracher prématurément au service du pays, une tristesse immense, voisine du découragement, s'empare de nous. Et cependant, ce serait trahir leur mémoire que de se laisser dominer par la douleur, car, s'il est un exemple qu'ils nous ont donné, c'est, à chaque heure de la vie publique ou privée, de savoir élever leur âme au-dessus de l'adversité.

VI

Et le même journal publiait le lendemain sous le titre *Un Exemple utile* un article que l'on ne saurait trop méditer et que la jeunesse fera bien de relire souvent.

La presse est à peu près unanime à parler de M. Burdeau selon son mérite, et, témoignage significatif, à Lyon même, des journaux réactionnaires, qu'aurait pu dominer le souvenir des polémiques locales, lui ont rendu un hommage ému. On s'accorde à louer chez lui toutes les qualités de l'intelligence, et aussi son courage, son énergie, le haut sentiment du devoir qu'il a porté dans sa vie privée comme dans sa vie publique. Mais quand on a dit cela, on n'a pas tout dit. Il reste à remarquer et à souligner le trait le plus saillant peut-être de sa nature et, en tout cas, celui auquel il a dû le plus : l'ouverture de cet esprit si délié et si solide à toutes les leçons que l'expérience, la pratique des affaires pouvaient lui apporter.

M. Burdeau a débuté, comme il était peut-être naturel, par des opinions politiques et économiques très avancées. Pénétré au plus haut point du sentiment démocratique, résolu à servir la cause du peuple, il a cru d'abord que tel était le meilleur moyen de s'y employer. C'est ainsi que s'expliquent certains faits de sa carrière soit de journaliste soit de député. Puis, à mesure que sa situation grandissait, à mesure aussi qu'il apprenait plus de choses dans un plus grand détail, et qu'il entrait en contact plus direct avec la réalité, ses vues se modifiaient. Il comprenait que la théorie pure et la pratique sont deux domaines bien distincts, et que, pour améliorer l'une, il n'est pas toujours possible, ni même désirable, de s'en remettre uniquement à l'autre. M. Burdeau a été un grand travailleur sa vie durant; mais de tout travail qu'il a jamais accompli, celui qui lui a le plus servi est, sans aucun doute, son travail de rapporteur du budget et de ministre. Son éducation économique et politique a reçu là le dernier sceau.

On le vit revenir sur ses premières conceptions : en politique, se pénétrer davantage de la nécessité des tempéraments qui ne sont, après tout, que des solutions transactionnelles et perpétuellement revisables; en économie politique et en science financière, comprendre que les conditions de vie des institutions sont les premiers intérêts à ménager; qu'une Banque de France, telle que celle qui existe, rend au pays des services inappréciables, dont il ne retirerait sans doute pas l'équivalent, dans quelque grande crise toujours à prévoir, d'une Banque d'État, conçue d'après des principes tout différents et de caractère plus strictement rationnel: qu'un système d'impôts a pour premier mérite de rendre ce que le budget de l'État en attend et de ne pas tarir, par d'injustes ou maladroites combinaisons, dans les fortunes privées, la source même et l'aliment de la richesse publique, et de même encore, sur la question des chemins de fer, M. Burdeau a été amené par d'incessantes acquisitions de faits, d'idées, d'expérience en un mot, à des conceptions assez différentes de celles qu'il avait commencé par admettre. S'il avait vécu davantage et continué ce perpétuel et méthodique enrichissement de sa pensée, nul doute qu'il ne fût arrivé à jeter une vive lumière sur ces questions et à convaincre ceux qui en doutent encore que l'on peut allier le zèle démocratique le plus sincère et le plus actif à un sens réel du gouvernement et de ses exigences, à l'intelligence de ce qu'il y a, de ce qu'il y aura toujours de naturel dans les faits économiques.

M. Burdeau mérite vraiment de voir son souvenir cité à l'appui de cette vérité, aussi vieille d'ailleurs que les sociétés humaines, ou plutôt que la réflexion de l'homme sur les conditions de la société. Il va de soi que ces transformations intérieures, cet apprentissage perpétuel ne sont pas à la portée de tout le monde. Il y faut de rares aptitudes : le labeur infatigable, la perspicacité, la bonne foi intellectuelle, la souplesse aussi de l'esprit, grâce à laquelle il se prête au progrès ; et, par dessus tout, ce qu'on pourrait appeler une sensibilité exceptionnelle à l'action de la réalité. C'est peut-être parce que ces qualités sont infiniment rares qu'on en juge si mal. Leurs effets étonnent les sots, scandalisent ceux qui veulent l'être ; et la langue des partis a de tout autres noms pour désigner ce qui nous paraît être si louable. Ne remuons pas la poussière des polémiques ensevelies dans l'oubli qui les attend toutes. Donnons, au contraire, à l'opinion, si équitable aujourd'hui envers l'excellent citoyen qui vient de disparaître, le témoignage qu'elle mérite ; mais surtout recommandons à tous ceux qui, comme lui, se proposent de contribuer au progrès démocratique, la méditation du très bel et très utile exemple qu'il a donné.

VII

De tous les points de la France arrivèrent au Palais-Bourbon les témoignages des regrets causés par la mort de Burdeau : des télégrammes de sympathies, des fleurs, des couronnes.

Mme Carnot télégraphiait à Mme Burdeau : « Je vous adresse mes condoléances les plus douloureuses et les plus sympathiques. »

La municipalité lyonnaise, par l'organe du maire de Lyon, M. Gailleton, exprimait ses profonds et unanimes regrets « au sujet de l'affreux malheur qui frappait Mme Burdeau dans ses plus chères affections et qui atteint la démocratie lyonnaise tout entière, inconsolable de la perte de son dévoué représentant. »

La Société des anciens mobiles du Rhône s'associait à ce deuil de la patrie. Le Conseil général du Rhône témoignait de la douleur générale et M. Cambon, gouverneur général de l'Algérie, adressait à Mme Burdeau la dépêche suivante :

Alger, le 12 décembre.

« Le Conseil supérieur de l'Algérie tenait aujourd'hui la première séance de sa session. Je l'ai informé du malheur qui vous a frappée. Le Conseil m'a chargé de vous transmettre l'expression de ses sentiments de profonde et respectueuse condoléance. »

CAMBON.

L'Association des anciens élèves du lycée de Lyon, la Société des tireurs du Rhône, l'Association des anciens Barbistes, le sous-comité de Limoges des membres de l'Enseignement, le Conseil municipal d'Orange, la Société des Enfants de la Saône, la Société l'Union lyonnaise, le Conseil municipal et la ville de Beaune, le directeur et le personnel de l'École vétérinaire de Lyon, la commission des écoles de Villefranche, le Comité démocratique cantonal du Bois-d'Oingt, la Société philanthropique des anciens chasseurs à pied de Lyon et Grenoble, dont M. Burdeau était le président d'honneur, faisaient également parvenir l'expression de leurs condoléances à la veuve du regretté président.

A Paris, les drapeaux du Corps législatif, des ministères de la Marine et des Finances, avaient été mis en berne.

VIII

Le vendredi, 14 décembre, à neuf heures du matin, le corps d'Auguste Burdeau fut mis en bière, en présence de M. Étienne, vice-président de la Chambre, député d'Oran; de M. Ruiz, qui fut l'un des plus intimes amis de Gambetta et que de vieilles relations unissaient à Burdeau; de MM. de La Batut, de Lavertujon, Joseph Denoix et Reinach, députés, qui étaient de garde, et de tous les membres du cabinet et du secrétariat de la présidence.

Les traits de Burdeau avaient conservé une admirable sérénité. Sur la bière, une plaque d'argent fut scellée avec cette inscription :

AUGUSTE BURDEAU

PRÉSIDENT DE LA CHAMBRE DES DÉPUTÉS

ANCIEN MINISTRE

CHEVALIER DE LA LÉGION D'HONNEUR

Les huissiers de la présidence et les hommes de service de la Chambre descendent le cercueil dans le grand salon du Palais-Bourbon.

Les trois portes du perron, tendues de lourdes draperies relevées de franges et torsades d'argent, sont surmontées d'écussons, enguirlandés de chêne et de laurier, aux initiales du défunt et au chiffre de la République.

Les candélabres allumés sont voilés de crêpe.

Dans le vestibule, entièrement drapé de noir et décoré des couleurs nationales, brûlent six grands lampadaires.

Dans le salon d'honneur, où les visiteurs sont admis, en entrant par le salon des Arts, le cercueil, recouvert d'un drap de velours étoilé d'argent et du drapeau français, a été placé sur un catafalque entouré de candélabres, de plantes vertes et de faisceaux tricolores.

Le corps est veillé par des députés qui se relèvent d'heure en heure; le piquet d'honneur est formé par deux gardes républicains, deux soldats d'infanterie de marine, deux huissiers de la présidence et deux hommes de service de la Chambre. Au pied du catafalque deux coussins supportent l'écharpe du député et sa croix de la Légion d'honneur, voilées de deuil.

L'exposition du corps, commencée à dix heures, continua pendant toute la journée.

La ville de Lyon avait fait demander à Mme Burdeau de vouloir bien consentir à ce que le président défunt fût enterré à Lyon, dont il était le représentant. Mme Burdeau fit connaître qu'elle désirait que son mari fût inhumé à Paris.

IX

Dans la séance du 13 décembre, la Chambre était au grand complet; elle écouta dans le plus grand recueillement l'éloge funèbre de Burdeau, prononcé par M. de Mahy :

— « Messieurs, vous savez le malheur qui vient de nous frapper. Notre président, M. Burdeau, est mort, hier matin.

« Il a succombé à la douloureuse maladie qui, depuis quelque temps déjà, nous inquiétait et qu'il supportait avec un courage stoïque. Il a été brisé; mais son âme, sa volonté n'a pas un seul instant fléchi : vous l'avez vu, jusqu'à la dernière limite, présider à vos débats avec la supériorité qu'il apportait en toutes choses. Il est mort au poste d'honneur et de travail.

« Ce n'est pas ici le moment de retracer la carrière de cet homme qui, s'élevant par ses seules forces et soutenu par l'affectueuse admiration de tous ceux qui l'ont approché, a su mériter l'estime du pays.

« Il a occupé les plus grandes situations de l'État et n'a été inférieur à aucune. Il a justifié les espérances que notre démocratie française, que notre patrie avait mises en lui. Sa perte est un deuil pour nous tous et pour la France.

« La Chambre entière, entourée des pouvoirs publics et du peuple, lui rendra le suprême hommage. Aujourd'hui, nous ne sommes réunis que pour témoigner de notre peine et pour adresser à la famille et à la veuve de M. le président Burdeau nos respectueuses sympathies.

« Je vous proposerais de lever immédiatement la séance en signe de deuil si je n'étais informé que le gouvernement veut s'associer aux sentiments de la Chambre par la présentation d'une loi, pour laquelle je donne la parole à M. le président du Conseil. »

Ce discours produisit une profonde impression sur la Chambre, qui, à plusieurs reprises, l'applaudit vivement.

« Le gouvernement, dit M. Charles Dupuy, s'associe aux paroles émues de M. de Mahy. Avec la Chambre tout entière, nous déplorons la mort prématurée du président Burdeau, dans lequel la République reconnaissait un de ses meilleurs serviteurs, et la démocratie une de ses plus sûres espérances.

« La vie de votre président, si cruellement tranchée, est un exemple de travail, de courage et de civisme.

« Elle s'est terminée par une lutte longue et vaillante

contre la souffrance, lutte dans laquelle M. Burdeau a montré ce que peut une volonté supérieure, une âme maîtresse d'elle-même.

« C'est un homme, dans toute l'acception du mot, qui disparaît.

« Nous saluons sa mémoire avec une sympathique émotion, avec le sentiment de la perte que font en lui la patrie et la République.

« J'ai l'honneur de déposer sur le bureau de la Chambre, en demandant l'urgence et la discussion immédiate, un projet de loi ayant pour objet de faire célébrer aux frais de l'État les funérailles de M. Burdeau, président de la Chambre des députés. »

Le crédit de 20 000 francs, ouvert à cet objet, fut voté aussitôt sans discussion par 439 voix contre 39.

La Chambre s'ajourna ensuite au lundi suivant, après avoir décidé qu'elle assisterait en corps aux funérailles de son président.

X

Au Sénat, la démonstration eut le même caractère de gravité solennelle.

Aussitôt la séance ouverte, M. Challemel-Lacour, qui occupait le fauteuil de la présidence, prononça le discours suivant :

« Messieurs,

« Avant le lever de la séance, il me sera permis, ou plutôt je crois avoir le droit d'associer d'un mot le Sénat à l'émotion douloureuse produite par la mort de M. le président de la Chambre des députés.

« Ceux qui connaissaient M. Burdeau, ceux qui ont suivi ses travaux, ceux mêmes qui avaient entendu parler de lui, savaient ce que la France pouvait attendre de son intelligence et de son courage.

« Ce n'est pas seulement comme membres du Parlement, comme sénateurs, que nous nous associons à la douleur de la Chambre des députés, c'est aussi comme Français : M. Burdeau était considéré comme une espérance, et c'est le cœur navré que nous voyons disparaître dans la plénitude de sa force, à l'âge de l'expérience, un des meilleurs et des plus généreux enfants du pays, un des plus dévoués serviteurs de la patrie. »

D'unanimes applaudissements saluèrent les paroles prononcées par le président du Sénat. Puis, M. Guérin, garde des sceaux, déposa le projet qui avait été adopté par la Chambre des députés et qui avait pour but de faire célébrer les funérailles de M. Burdeau aux frais de l'État. M. le Ministre de la Justice donna lecture de l'exposé des motifs; l'urgence fut déclarée. M. Loubet, président de la Commission des finances, fit immédiatement un rapport verbal par lequel il engageait tous ses collègues à ratifier le vote de la Chambre. Le projet fut voté au scrutin par 247 voix sur 248 votants. Et la séance fut levée en signe de deuil.

Les obsèques du président de la Chambre furent fixées au dimanche matin, 16 décembre. Il fut décidé, qu'en conformité des dernières volontés d'Auguste Burdeau, elles seraient civiles.

Le jour du décès, toutes les commissions parlementaires et tous les groupes qui étaient convoqués décidèrent de ne pas siéger et M. Isambert, président du groupe progressiste, prononça le discours suivant :

« Mes chers collègues,

« Ce jour est celui que l'Union progressiste, définitivement constituée, avait désigné pour commencer ses séances régulières.

« Nous ne saurions inaugurer nos délibérations sous le coup de l'émotion qui nous étreint, non seulement comme députés en deuil du président de la Chambre, mais comme représentants de la démocratie républicaine tout entière, frappée par la perte prématurée d'un des hommes en qui elle s'était complu à mettre le plus d'espérances.

« J'ai la certitude de répondre à votre sentiment à tous en vous proposant de lever la séance en signe de deuil et de laisser à votre bureau le soin de vous convoquer pour un jour prochain après les obsèques.

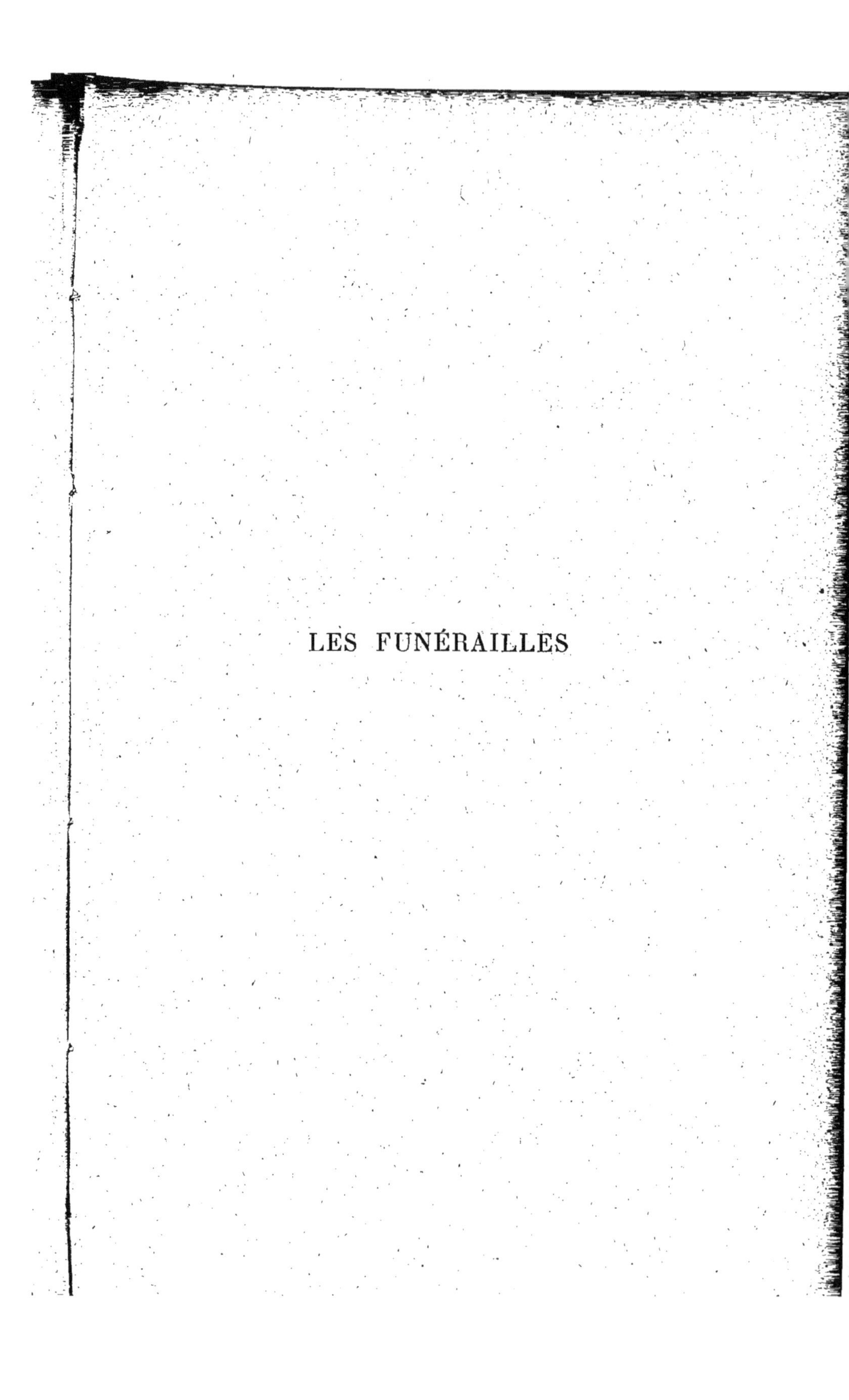

LES FUNÉRAILLES

CHAPITRE X

LES FUNÉRAILLES

I

Les funérailles d'Auguste Burdeau furent imposantes. « Il ne leur a manqué, dit le *Figaro*, que le soleil pour ressembler à une apothéose. La pluie d'ailleurs, loin de les contrarier, leur donnait cet aspect mélancolique qui sied à un convoi conduit par deux enfants. »

L'émotion était profonde et réelle. Tout le peuple de Paris était là et les ouvriers par milliers. Cet hommage suprême rendu au grand citoyen, à l'enfant du peuple, par la première ville du pays, représentant, en cette solennité, toute la France républicaine, n'était-ce pas la plus éclatante et la plus glorieuse réparation qui pût être décernée à l'homme probe victime de l'âpreté de la lutte, de l'iniquité des polémiques, des passions exaspérées qui l'avaient poursuivi dans sa vie de labeur et de dévouement ?

— C'est la calomnie qui l'a tué, disait-on.

Et ceux qui saluaient son cercueil se souvenaient des outrages qui l'avaient assailli, des imputations odieuses dont il fut l'objet.

Et les commentaires sur ses talents, son savoir, son éloquence, son rôle politique, son existence privée et publique, exprimaient déjà l'opinion que portera sur lui la postérité :

— Il personnifiait l'honneur, le travail, le courage, l'âme française dans ses plus nobles élans.

— Il meurt pauvre, littéralement pauvre, lui que la calomnie avait ridiculement dépeint comme le client attitré des accapareurs de la richesse.

Le soir, les divers journaux qui consacraient la plus grande partie de leurs colonnes à ses obsèques se lisaient avec avidité.

Nous empruntons dans tous ses détails, au *Journal des Débats*, le récit de cette funèbre cérémonie à laquelle on ne peut comparer que les funérailles de Gambetta.

II

Les membres du Parlement qui, seuls, entraient au Palais-Bourbon par la porte du quai d'Orsay, ont tous éprouvé, en traversant la place de la Concorde, la même impression de tristesse. La haute et large colonnade qui surmonte le grand escalier apparaît, dans le lointain, comme une énorme masse sombre. La pierre est complètement masquée par les tentures, semées de motifs d'argent : rosaces, étoiles. Entre les colonnes, des torchères, d'où jaillissent de longues flammes, qui se tordent, avivées par le vent du matin. Par malheur, la pluie tombe, et plusieurs lampadaires s'éteignent. De plus près, on distingue les faisceaux de drapeaux, les plantes vertes, tous les enjolivements qui se noient dans ces flots de draperies noires.

Sur le fronton, masquant l'inscription en lettres d'or : *Chambre des Députés*, un large cartouche central porte les armes de la République et, au centre, l'initiale B. Les réverbères du quai d'Orsay ne jettent qu'une lueur vague sous leur voile de crêpe.

Mais ce n'est pas de ce côté qu'on pénètre dans le palais...

Voici la place de Bourgogne. Nous entrons dans la cour d'honneur. Là, le décor est absolument merveilleux. Là aussi, la pierre a disparu jusqu'à une hauteur de neuf mètres, sous les tentures noires semées d'argent et ornées de drapeaux et de cartouches. Le rond-point du fond, en forme d'hémicycle, auquel on accède par deux allées en pente douce, est entouré de massifs de plantes vertes. Au sommet, le catafalque se dresse, en forme de bateau, sur des gradins décorés de motifs argentés sur fond noir. Il est très haut, presque entièrement blanc, car les lames d'argent couvrent aux trois quarts les draperies. Le sarcophage, supporté par des cariatides en argent, est recouvert d'un très large drapeau tricolore. La croix de la Légion d'honneur et les insignes de député de M. Burdeau sont placés sur des coussins de velours noir. Sur cette sombre tapisserie, qui ne couvre pas moins de 397 mètres superficiels, flotte une douce lumière : la flamme pâle des cierges vacille dans les spirales vertes des torchères... Le spectacle est réellement grandiose.

Mais la pluie tombe toujours, et, peu à peu, les torchères se sont éteintes. Les brûle-parfums, cependant, continuent de fumer.

Autour de l'hémicycle, des poteaux indiquent aux délégations la place qu'elles occuperont. La garde républicaine forme la haie dans la cour, laissant libre le passage central que suivra le Président de la République. La musique de la garde, les clairons et les tambours sont massés sur la place, en dehors du palais. La rue de Bourgogne est occupée par les chasseurs à pied.

III

A huit heures précises, le bureau de la Chambre, les secrétaires généraux de la présidence et de la questure, MM. Pierre et Fromant, le chef du cabinet de M. Burdeau, M. Clos, la famille et les amis du défunt, étaient réunis dans le salon d'honneur où reposait le corps. Six hommes de service de la Chambre enlèvent alors le cercueil et le portent sur le catafalque en traversant la salle des Fêtes et la salle de la Paix dans laquelle un piquet d'honneur, composé de soldats de la garde républicaine, présente les armes, comme il est d'usage de le faire quand le président de la Chambre se rend de ses appartements à la salle des séances.

Le cortège traverse la salle Casimir-Périer, descend les marches qui conduisent à l'hémicycle de la cour, et le cercueil est glissé dans le sarcophage. A ce moment, les troupes présentent les armes, clairons et tambours sonnent et battent aux champs, et le canon des Invalides tonne.

Le capitaine et le lieutenant commandant le piquet d'honneur se placent à droite et à gauche du catafalque, qu'entourent MM. de Mahy, Étienne, Lockroy et Clausel de Coussergues, vice-présidents, les secrétaires généraux, et le commandant militaire de la Chambre, le colonel Gardot.

IV

La place de la Concorde présentait un aspect grandiose avec le déploiement des troupes qui y étaient massées, batteries d'artillerie, gardes républicains à cheval, cuirassiers et dragons; avec le pont qui, entièrement dégagé, ses réverbères allumés et voilés de crêpes, se profilait jusqu'à la Chambre, masse sombre, tendue de noir, à peine visible au travers du brouillard et de la pluie.

La foule, à vrai dire, n'y était pas nombreuse : ce n'était plus, comme aux obsèques du regretté Président Carnot, par cette claire matinée de juillet, cet enchevêtrement d'échelles et d'estrades, de voitures et d'échafaudages fragiles; mais le décor n'en était pas moins imposant et l'immense place, avec ses grands espaces dégagés, présentait une physionomie d'une incontestable grandeur.

Dès huit heures, les troupes prennent leurs positions respectives. Deux batteries viennent se ranger perpendiculairement à la place, à l'ouverture de la rue de Rivoli et de l'avenue Gabriel. Les gardes républicains à cheval, les cuirassiers et les dragons se placent à droite et à gauche, le long des trottoirs. Sur les terre-pleins, quelques centaines de curieux, glacés par la pluie, transis de froid et déjà las d'attendre, vont et viennent de la statue de Strasbourg, devant laquelle se sont arrêtés quelques membres de la délégation des Alsaciens-Lorrains, jusqu'à la statue de la ville de Lyon, qui disparaît sous les plis d'un grand voile noir, semé d'étoiles d'argent.

Sur la terrasse des Feuillants et sur celle de l'Orangerie,

quelques rangées de curieux, disparaissant sous une foule de parapluies. Aux fenêtres du ministère de la Marine et du cercle de la rue Royale, quelques personnes qui braquent vainement leurs lorgnettes sur l'entrée du pont.

Mais la foule grossit insensiblement pendant ces deux heures d'attente : déjà quelques-unes des balustrades en pierre de la place ont été envahies et malgré la consigne, malgré les nombreux agents qui circulent le long des terre-pleins, un certain nombre de curieux sont montés sur les rebords des fontaines. Par instants, des brusques sautes de vent leur fouettent le visage et ajoutent, à la pluie qui tombe toujours fine et serrée, la poussière humide des jets d'eau.

Il convient de constater cependant que toute cette foule est grave ; nulle rumeur, nul bruit ne se font entendre et cette longue attente se poursuit dans un silence vraiment imposant.

Pendant ce temps, les troupes avaient pris les positions qu'elles ont occupées pendant la cérémonie :

Dans la cour d'honneur, au pied des marches au haut desquelles était dressé le catafalque, la musique de la garde républicaine et un bataillon de cette garde formant la haie sur deux rangs, jusqu'à la porte d'entrée.

Sur la place du Palais-Bourbon, en colonnes de compagnies, le 82e régiment d'infanterie, devant le 1er régiment de cuirassiers.

Rue de Bourgogne, dans la même formation, le 4e régiment de ligne et le 29e bataillon de chasseurs.

Le 115e de ligne barrait le boulevard Saint-Germain, et le 131e régiment avait pris position sur le quai d'Orsay, à gauche du pont de la Concorde, resté libre.

Sur la place de la Concorde, à gauche, se tenait un bataillon d'infanterie de marine ; à droite, le 113e de ligne, à côté d'un escadron de la garde républicaine et du 2e régiment de cuirassiers.

Le 13e d'artillerie avait pris position des deux côtés de la rue Royale.

Toutes les troupes étaient en grande tenue, la garde avec la culotte blanche.

Chaque régiment avait sa musique et son drapeau, cravaté de deuil ; les tambours étaient recouverts d'un crêpe.

V

A neuf heures vingt-sept minutes, les tambours et les clairons battent et sonnent aux champs, les troupes présentent les armes. M. le Président de la République descend à la porte du Palais.

M. Casimir-Périer est reçu dans la cour d'honneur, où se dresse le catafalque, par M. de Mahy, vice-président de la Chambre, et tous les membres du bureau de la Chambre, ainsi que par MM. Pierre, secrétaire général de la Chambre, et Fromant, secrétaire général de la questure.

Les troupes rendent les honneurs au Président de la République, qui est conduit ensuite devant le catafalque, à la place qui lui était réservée, pendant que la musique de la garde joue la Marche funèbre de *Jeanne d'Arc*, de Gounod.

Malgré la pluie, M. Casimir-Périer reste tête nue, et, pendant trois quarts d'heure, le Président et les orateurs reçoivent l'averse. Les invités qui ne se sont point réfugiés dans les salles intérieures ont ouvert leur parapluie, et du haut de l'hémicycle on ne distingue plus aucun visage.

A neuf heures trente-cinq, M. de Mahy, premier vice-président de la Chambre, prend le premier la parole.

Puis succèdent les autres orateurs.

VI

Il est dix heures un quart quand le dernier discours est achevé. Le Président de la République s'incline devant le catafalque, puis, accompagné par le bureau de la Chambre, monte le perron, traverse la salle Casimir-Périer, le salon de la Paix, la rotonde, et remonte dans son landau dans la cour du quai d'Orsay.

MM. Brice, secrétaire d'ambassade, attaché à la Présidence de la République, et le capitaine de frégate Germinet y montent avec lui.

Une compagnie du 131e de ligne, rangée sur le quai d'Orsay, présente les armes au Président de la République, et les tambours battent aux champs. Le 4e escadron du 1er cuirassiers escorte de nouveau M. Casimir-Périer jusqu'au palais de l'Élysée.

MM. Lafargue, le général Berruyer, Du Taiguy et le commandant Moreau représentent le Président de la République dans le trajet du Palais-Bourbon au Père-Lachaise.

Pendant ce temps, le cortège mortuaire se forme. Le cercueil, porté par les agents des pompes funèbres, cette fois, est placé sur le char : les troupes présentent les armes une salve d'artillerie est tirée aux Invalides ; la musique de la garde joue la *Marche funèbre*, de Chopin.

Le char mortuaire s'avance, traîné par six chevaux caparaçonnés tenus en main. Il est couvert de draperies noires semées de rosaces et d'étoiles d'argent. Aux angles et sur le dôme, un panache ; aux angles également, des faisceaux de trois drapeaux voilés de crêpes ; des deux côtés du siège du cocher, garni d'une housse argentée, un cartouche où sont peintes les armes de la République, et, au centre, l'initiale B.

Le cercueil disparaît sous une draperie noire bordée de branches de chêne et de laurier en argent, qui, elle-même, est à demi cachée par un drapeau tricolore. Un maître des cérémonies porte, sur un coussin, la croix de la Légion d'honneur et les insignes de député.

Les couronnes sont disposées sur des chars spéciaux. On remarque la superbe couronne en argent massif offerte par le personnel de la Chambre ; les couronnes du personnel de la présidence; des sénateurs du Rhône; de l'École normale supérieure, du Crédit foncier, des ministères des Finances et de la Marine, de diverses Sociétés économiques et de secours mutuels dont faisait partie M. Burdeau, etc., et de magnifiques gerbes de roses, de violettes, d'anémones et de chrysanthèmes.

MM. Gabriel et Charles Burdeau, fils et beau-fils du président, prennent place derrière le char ; immédiatement après eux, vient le représentant du Président de la République, M. Paul Lafargue, secrétaire général de la Présidence, puis les délégations. Les cordons du poêle sont tenus par MM. de Mahy, vice-président de la Chambre ; Demôle, vice-président du Sénat ; Félix Faure, ministre de la Marine ; Bérard, député du Rhône ; Georges Perrot, directeur de l'École normale supérieure ; le général Dodds et Gailleton, maire de Lyon.

Le cortège quitte le Palais-Bourbon à dix heures vingt-cinq.

Quelques minutes après, il débouche sur la place de la Concorde.

Un grand mouvement s'y produit à ce moment : les cavaliers montent en selle, et mettent sabre au clair ; les curieux s'agitent, difficilement contenus par les agents ;

tous les yeux convergent vers l'entrée du pont, où viennent d'apparaître, dans le jour triste de cette matinée brumeuse, les casques du peloton de cuirassiers, qui marchent en tête du cortège.

Le spectacle est imposant, toutes les têtes se sont découvertes ; au loin résonnent sourdement les sonneries des clairons, puis la musique de la garde républicaine fait entendre une marche funèbre et la pompe du cortège se déroule au milieu de la foule grave, recueillie.

En tête, marche une brigade d'agents; puis viennent un peloton de la garde républicaine à cheval et un peloton de cuirassiers, précédant le général de division Cary, suivi de son état-major et de son escorte de chasseurs.

En tête de la première brigade, le général Gossart et son officier d'ordonnance.

Viennent ensuite le 29e bataillon de chasseurs, le 4e et le 82e régiment d'infanterie.

Précédant le char funèbre, la musique et un bataillon de la garde républicaine.

Encadrant le corbillard et les autorités, une haie mobile, composée de gardes républicains et de soldats du 82e régiment d'infanterie.

Derrière les invités et les délégations, le général Lambert, précédant le 113e, le 131e et le 115e régiment d'infanterie, et l'infanterie de marine.

Puis, le commandant de Barberin, à la tête du 13e d'artillerie.

Enfin, le cortège est fermé par le colonel du 1er cuirassiers précédant la cavalerie de la garde républicaine, les 1er et 2e régiments de cuirassiers.

VII

Le cortège s'engage dans la rue Royale. Beaucoup de fenêtres sont garnies de curieux. Le long des trottoirs, le public, s'est massé en une triple rangée. A l'extrémité de la rue apparaît la Madeleine, noire de monde, et dont les gradins et les galeries latérales sont envahis par une foule considérable. Puis on poursuit par les grands boulevards.

A l'intersection des principales rues, la circulation ayant été interrompue, de nombreuses voitures stationnent et les curieux en ont profité pour monter sur leurs plates-formes, converties ainsi en estrades improvisées. Dans quelques-unes de ces rues, celles du Faubourg-Saint-Honoré et du Faubourg-Montmartre, notamment, des industriels diligents ont apporté en toute hâte des échelles, des bancs, des chaises, etc., et en ces quelques points seulement les curieux amassés, juchés sur les échelons, se soutenant tant bien que mal, donnent l'impression des grandes foules. Sur les boulevards Montmartre, Poissonnière, Bonne-Nouvelle, même spectacle ; partout même silence, même solennité impressionnante et grave.

Au boulevard Saint-Martin, l'affluence est plus grande ; les trottoirs en terre-pleins sont couverts de monde, et les fenêtres bondées de curieux. Aucun incident, d'ailleurs, ne se produit ; aucun cri ne se fait entendre sur tout ce long parcours, et, quand le cortège débouche sur la place de la République, c'est au milieu des groupes respectueux qui sont massés sur les trottoirs.

Sur la place de la République, la circulation des tramways et des omnibus avait été interrompue.

La haie formée pour le service d'ordre était établie du côté sud de la place. Dès dix heures du matin, plusieurs rangées de curieux s'alignaient le long des trottoirs, et les fenêtres des immeubles se garnissaient.

La haie de curieux était ininterrompue tout le long de l'avenue de la République. Elle devenait véritablement profonde aux abords du boulevard de Ménilmontant.

Une section de la garde républicaine à pied gardait le rond-point du boulevard et de l'avenue de la République, qui avait été réservé pour la formation des troupes en vue du défilé.

L'hémicycle de la grande entrée du cimetière était orné de draperies noires drapées à l'antique, bordées de franges argentées et surmontées d'écussons de velours noir à la lettre du défunt. La porte était également encadrée de draperies ornées d'un grand cartouche aux initiales R. F. Des faisceaux de drapeaux crêpés surmontaient les murs de l'hémicycle.

A midi précis, le cortège arrive devant le cimetière, où le char est reçu par les trente-deux gardes, sous la direction du conservateur du cimetière et de leur brigadier. Seuls, les porteurs de couronnes pénètrent dans la nécropole pour déposer leurs couronnes sur un terre-plein, à gauche de l'avenue principale, affecté à cet usage.

Le char se place parallèlement à l'entrée, les chevaux face à l'ouest. Devant le char se groupent les membres de la famille, MM. Lafargue, Brice et le commandant Moreau, représentant le Président de la République ; les porteurs des cordons du poêle : MM. Étienne, de Mahy, Demôle, Félix Faure, général Dodds, Bérard, Gailleton, Georges Perrot ; les membres des bureaux du Sénat et de la Chambre des députés et MM. les officiers généraux membres des Conseils supérieurs de la guerre et de la marine.

VIII

Le défilé des troupes a commencé à midi et demi.

A un signal, transmis par M. le comte de Bourqueney, directeur du protocole, au général Cary, celui-ci lève son sabre et les troupes se mettent en marche, dans l'ordre qu'elles occupaient dans le cortège.

Le général Cary, suivi de son état-major, se place en face du char funèbre, que saluent en passant les officiers avec le sabre, les drapeaux en s'inclinant.

Les régiments d'infanterie défilent par sections à distance entière ; l'artillerie par deux pièces et la cavalerie sur deux rangs par peloton.

A une heure, la cérémonie militaire prenait fin.

Après le défilé, le char entre dans le cimetière, suivi des membres de la famille. Il tourne dans la deuxième voie de droite, l'avenue du Puits, au bout de laquelle, au coin du chemin de la Porte, est le caveau provisoire de la Ville de Paris.

L'inhumation a lieu, dans ce caveau, sans incident.

Immédiatement après, le cimetière est rouvert au public, qui défile en silence respectueux devant le monument municipal.

SUR LA TOMBE

CHAPITRE XI

SUR LA TOMBE

I

DISCOURS DE M. DE MAHY

VICE-PRÉSIDENT DE LA CHAMBRE

Monsieur le Président de la République,
Messieurs,

Dans ce deuil des représentants de la nation, au milieu de cet imposant appareil, devant l'assemblée des pouvoirs publics, des corps constitués et du peuple, bien faible est la voix de celui à qui incombe le douloureux honneur d'adresser, au nom de la Chambre des députés, le suprême adieu à notre président Burdeau.

La tâche est impossible de retracer, en de brèves paroles, cette existence si courte, mais d'un si grand exemple et si prodigieusement pleine.

Auguste-Laurent Burdeau est né à Lyon, dans une humble demeure, le 10 septembre 1851. Il est mort à Paris, au Palais-Bourbon, président de la Chambre des députés, le 12 décembre 1894, à peine âgé de quarante-trois ans.

Sa vie a été toute de labeur et de dévouement. Il

n'était pas encore sorti de la première enfance que déjà il lui fallait entrer à l'atelier comme petit ouvrier ; d'apparence très grêle, mais zélé, consciencieux, attentif, ne boudant jamais à la besogne, et d'une si touchante honnêteté, il gagnait bien le petit salaire qui venait en aide à sa mère, à ses sœurs, à ses frères un peu plus âgés que lui. Il n'avait pas connu son père, honorable et modeste employé, mort prématurément.

C'est de là qu'il s'est élevé pour fournir, dans les lettres, dans la science et dans la politique, la brillante carrière que vous connaissez, sans autre aide au début que celle d'un parent moins pauvre que lui, puis la sollicitude de sa ville natale que lui valurent ses aimables qualités. Il y avait, chez cet enfant, un esprit très vif, une distinction naturelle de manières, un amour passionné de l'étude, une grande force de caractère, et, ce qui vaut encore mieux et explique tout, une tendresse infinie pour sa mère, un sentiment exquis du devoir. C'était un noble cœur et une belle intelligence.

Ses anciens amis vous diront, mieux que je ne peux le faire, les détails de ces années peu éloignées : les succès scolaires, le prix d'honneur, l'entrée triomphale à l'École normale supérieure. C'est à ce moment que la vie publique le saisit.

Il y débuta par l'accomplissement du devoir civique. Comme il avait aimé sa mère, il aima sa patrie, cette autre mère, à laquelle également nous devons tout. Il laissa les études et prit le fusil. Il fit toute la campagne avec l'armée de l'Est. Il fut remarqué parmi les plus vaillants et blessé à Villersexel, dans cette journée où la fortune faillit nous sourire. Fait prisonnier, il s'évada après avoir couru péril de mort.

Rentré à l'École normale, il reçut des mains vénérées de M. Bersot, et aux applaudissements enthousiastes de ses camarades, une des croix de la Légion d'honneur que le gouvernement avait réservées pour les deux normaliens dont la conduite avait été la plus belle en face de l'ennemi.

Après avoir été professeur de philosophie dans des lycées considérables de la province, puis à Louis-le-Grand, Burdeau fut choisi comme chef de cabinet par Paul Bert, ministre de l'Instruction publique. Ses travaux originaux, des traductions de savants et de philosophes étrangers, allemands et anglais, de solides études publiées dans la presse politique et dans les revues, l'avaient désigné pour ce poste, voisin du Parlement, et où il ne tarda pas à révéler les aptitudes de l'homme d'État.

Ses compatriotes de Lyon, aux élections générales de 1885, l'ont nommé pour la première fois leur représentant à la Chambre des députés. Ils l'ont réélu en 1889 et en 1893. M. Burdeau n'est donc resté parmi nous que l'espace d'un peu plus de deux législatures.

La somme de travail qu'il a donnée dans ce temps si court est à peine croyable. En outre d'une participation active et toujours lumineuse aux débats de la tribune et aux travaux d'un grand nombre de commissions, il a été tour à tour et plusieurs fois rapporteur des budgets de l'Instruction publique, de l'Algérie, des Finances et rapporteur général et président de la commission du budget.

Nommé ministre de la Marine et des Colonies, le 12 juillet 1892, il prit à cœur cette grande fonction et il ne tarda pas à inspirer confiance aux hommes du métier. Nos officiers de vaisseaux et des troupes de la marine reconnurent en lui la main habile, intelligente et ferme d'un véritable chef. Il mena à bonne fin l'expédition du Dahomey qui dota la France d'une nouvelle colonie. Il n'hésita pas non plus à réclamer, comme l'avait fait son prédécesseur, M. Cavaignac, des augmentations de crédits pour l'amélioration de nos forces navales.

Ministre des Finances en 1893, il a fait la conversion et il a préparé un budget savamment établi des réformes démocratiques.

Enfin, Messieurs, vous l'avez élu vice-président le 2 juin 1894 et, le 5 juillet suivant, président de la Chambre des députés.

Il a occupé brillamment et dignement toutes ces situations. Il n'a été inférieur à aucune. Dans sa vie publique il a apporté ce qui avait caractérisé son enfance et sa jeunesse : un esprit supérieur, un dévouement sans bornes, un labeur obstiné, soutenu par un grand cœur et une probité sans tache.

Il a eu de grandes satisfactions, les plus hautes et les plus pures qu'un patriote puisse ambitionner : des amitiés sincères, l'affection de ses concitoyens, la confiance de ses collègues, l'estime du pays. Et pourtant, à une heure mauvaise, les amertumes de la vie publique ne lui ont pas été épargnées. La justice du pays et vos suffrages, j'entends par là ceux du Parlement et de la nation, l'en ont très noblement vengé. Mais nous ne pouvons pas nous en consoler, car elles ont abrégé une existence précieuse.

Il aimait la France d'un amour sans égal. Il l'aimait dans son passé, dans ses généreuses traditions, dans ses gloires et ses revers, dans son vigoureux relèvement. Un trait, que vous ne connaissez peut-être pas et qu'il aurait plaisir à entendre divulger, dépeint la délicatesse et la profondeur du sentiment de Patrie chez lui. Parlant de Jeanne d'Arc, à Lyon, dans une conférence, il glorifiait (j'emploie ses propres expressions que m'a rapportées un témoin fidèle), il glorifiait « cette merveille de patriotisme que la France a le privilège d'avoir donnée à l'humanité ». Et sa devise à lui aussi, la règle de sa vie a été, du jour où sa petite main d'enfant porta à sa mère les premiers sous gagnés à l'atelier, jusqu'au moment où la mort glaça cette main qui a écrit des chefs-d'œuvre, sa devise a été : « Vive le labeur ! » Il n'en est pas de plus noble ni de plus salutaire.

Mon cher Burdeau, un jour, à cette tribune de la Chambre des députés que vous avez illustrée, vous avez prononcé une fière parole : « Je veux reparaître sans crainte et le front haut devant le pays et lui dire : — Maintenant je comparais devant toi, juge-moi, prononce ton arrêt. »

Cet arrêt, ce jugement, la foule recueillie autour de votre tombe vous le dit au delà de la vie et le dit à vos enfants et à votre veuve. C'est le jugement que vous avez prononcé vous-même dans un jour solennel et que le jury a ratifié et que la conscience publique a confirmé. Vous laissez un nom aimé, respecté, et dont votre famille, aussi bien que la République, peut être fière.

Le deuil de votre famille est partagé par nous, vos collègues et vos amis et par la France !

II

DISCOURS DE M. DEMOLE

VICE-PRÉSIDENT DU SÉNAT

Messieurs,

En l'absence de M. le président du Sénat, retenu par l'état de sa santé, je viens, au nom du Sénat, adresser le suprême adieu au président de la Chambre des députés.

Et, sans avoir la prétention de retracer devant vous l'histoire de cette existence si noblement remplie, je voudrais vous dire, en quelques mots, pourquoi la mort prématurée de celui que nous allons accompagner à sa dernière demeure éveille dans nos cœurs tant de douleurs et de regrets.

Messieurs, la vie de Burdeau peut se résumer en un mot : devant la famille, devant la patrie, à toutes époques, en toutes circonstances, il a su faire, il a fait son devoir.

Oui ! cet enfant du peuple, ce soldat de la démocratie, il a eu, sans jamais défaillir, la vue claire et précise des obligations que l'homme assume en naissant et qui le suivent jusqu'à la mort.

Il était né en 1851, quelques mois avant le coup d'État de Bonaparte, dans cette sombre année où nous assistions au triomphe du parjure, à la victoire de la force sur le droit.

Et quand arriva le désastre de l'invasion étrangère, quand 1870, amené par le 2 décembre, aussi sûrement que 1814 par le 18 brumaire, vint ruiner et démembrer la France, il n'était encore qu'un enfant de dix-neuf ans.

Et cependant cet enfant, sans ressources personnelles, avait trouvé dans son énergie précoce le moyen de soutenir sa mère et ses frères, — et cependant l'ardeur patriotique était telle dans ce jeune cœur qu'il courait au drapeau, s'exposait à tous les dangers, et blessé, emmené en captivité, rentrait en France pour recevoir la distinction tant enviée : la croix de la Légion d'honneur.

Messieurs, à partir de ce moment on peut dire sans exagération que, pour ceux qui l'approchent, l'homme d'État se révèle.

Lauréat de cette grande École normale qui a donné au pays tant d'illustres serviteurs, puis professeur de philosophie à Saint-Étienne, à Nancy, à Paris, par ses exemples, par ses principes, il accompagne son enseignement d'une propagande chaude et active pour les idées qui sont, en quelque sorte, le patrimoine de la République.

Député en 1885, en 1889, en 1893, il marque sa place parmi ceux qui, s'inspirant exclusivement de 1789, répudiant toute idée de violence, ayant horreur de ce qu'on appelle cyniquement la lutte de classes, veulent le progrès rationnel et pacifique, par la libre adhésion de la nation tout entière.

Deux fois appelé dans les Conseils du gouvernement, il s'y montre travailleur infatigable, fidèle à ses amitiés, mais à l'écart de toute coterie, dédaigneux du pouvoir s'il ne l'exerce pas pour le bien de tous.

Messieurs, j'ai fini.

Burdeau a été un grand cœur, un bon citoyen, un républicain à vues larges et élevées. Il laisse parmi nous un vide cruel. Cette perte n'est pas de celles que l'on peut facilement réparer.

Je salue sa mémoire avec la plus vive sympathie, — avec le plus profond regret.

III

DISCOURS DE M. CHARLES DUPUY

PRÉSIDENT DU CONSEIL

Messieurs,

J'apporte à Auguste Burdeau l'hommage du gouvernement de la République.

Cet hommage ne s'adresse pas seulement à l'homme dont les qualités brillantes et fortes ont imposé à ses adversaires eux-mêmes l'estime et le respect.

Il ne s'adresse pas seulement au Président de la Chambre dont l'autorité vient de recevoir, par l'organe du premier vice-président, un témoignage aussi éloquent que justifié.

Il s'adresse encore et surtout au ministre qui siégea par deux fois dans les Conseils du gouvernement et mit au service du pays, avec le dévouement d'un citoyen conscient de tous ses devoirs, des facultés puissantes qu'aucune tâche, pour compliquée et lourde qu'elle fût, ne devait trouver inégales.

Pourquoi faut-il que la force de l'esprit et la vigueur morale n'aient pu triompher d'un mal cruel et que cette tombe, prématurément ouverte, engloutisse à jamais, avec la dépouille mortelle de Burdeau, les espérances que la France républicaine fondait sur ce fils d'élite, porté par ses seuls talents des rangs les plus humbles du peuple aux plus hautes situations de l'État !

Quand il entra, en 1892, au ministère, il était si bien préparé à toutes les fonctions, son éducation politique et administrative était à la fois si variée et si complète qu'il aurait pu, sans étonner personne, accepter tel portefeuille qu'il aurait voulu. Aussi, quand lui échut celui de la Marine, chacun eut confiance que ce ministre civil ferait honneur à la Marine et à la France. Nous étions alors engagés dans une expédition lointaine où il fallait, pour vaincre, plus même que le légendaire courage de nos marins et de nos soldats.

Le nouveau ministre se mit aussitôt à l'œuvre, et son premier acte consista à assurer, au Dahomey, l'unité de commandement, gage du succès. Combinée avec soin, poussée avec vigueur, terminée à l'honneur de nos armes et de notre politique, la campagne du Dahomey restera un titre de gloire pour le ministre qui sut la préparer, comme pour le soldat qui sut la conduire et l'achever.

Tant d'efforts persévérants, qui n'étaient que la suite méthodique d'une vie de labeur infatigable, auraient dû mettre Burdeau à l'abri de la calomnie et de la diffamation. Il n'eut pas la juste fortune d'y échapper, et l'émotion indignée qu'elles lui causèrent eut son contre-coup sur sa santé. Son cœur se révoltait contre ces infamies, dont il eût voulu éviter même la pensée à ceux qui lui étaient chers, et cette légitime révolte altéra son tempérament. L'assaut fut trop brutal pour sa sensibilité. Au lendemain des élections de 1893, il eut une première crise qui causa à son entourage les plus vives inquiétudes et qui lui fit mesurer à lui-même la gravité de son état.

Aussi, lorsqu'au mois de décembre dernier, il accepta dans le cabinet Casimir-Périer, le ministère des Finances, il ne le fit que par dévouement à l'amitié, par sacrifice à la République.

On sait avec quelle autorité l'ancien rapporteur général du budget occupa le ministère des Finances. Il y était pour ainsi dire attendu et y était chez lui par droit de science et de compétence.

Il tint pleinement les promesses de son talent et de son passé. Il mena alors la grande opération de la conversion et déposa un projet de budget qui attestait à la fois sa science financière et son filial attachement à la démocratie.

Les surprises de la politique ne lui laissèrent pas le temps de soutenir son projet. Mais ses collègues de la Chambre ne tardèrent pas à lui donner la preuve de leur estime et de leur confiance en l'appelant à présider leurs délibérations.

C'est dans ce poste élevé que la mort est venue le prendre à quarante-trois ans, alors que, selon les règles ordinaires du sort et malgré tant de travaux accomplis et de services rendus, on aurait pu dire qu'il était au début de sa carrière politique.

Le destin a interrompu brutalement sa vie au détriment certain de son pays. Mais du moins, celui que nous pleurons a su remplir, jusqu'à la faire déborder, cette existence si parcimonieusement mesurée, dans laquelle le nombre des œuvres dépasse celui des jours.

C'est par là, par cette rare activité, par cette volonté persévérante et féconde qu'il est devenu d'abord un homme, puis un homme d'État. C'est par là que sa vie est une leçon et un encouragement pour les jeunes générations qui arrivent à la vie publique ! Puissent-elles s'inspirer de l'exemple du président Burdeau ! Puissent de leurs rangs s'élever, pour le bien de la patrie, des hommes qui soient prêts, comme lui, au sacrifice d'eux-mêmes, et qui, choisissant comme lui le parti de la conscience et du travail, se donnent pour but le progrès et pour idéal la justice !

IV

DISCOURS DE M. BÉRARD

DÉPUTÉ DU RHONE

C'est avec un sentiment d'intense douleur que je viens, mon cher Burdeau, vous adresser un suprême adieu au nom de la représentation du Rhône aujourd'hui en deuil d'un ami, au nom de la vaillante démocratie lyonnaise qui vous pleure à double titre, puisqu'elle perd en vous et l'un de ses plus glorieux enfants et l'un de ses plus fermes et plus sages soutiens.

Oui! Lyon est dans les larmes de voir disparaître ainsi, victime d'un aveugle et brutal destin, le fils qui était son orgueil et qui sera une de ses gloires. Ami, si brève qu'ait été votre existence, elle est néanmoins assez longue pour que le souvenir en reste impérissable dans nos esprits comme dans nos cœurs, elle est suffisamment remplie pour que nous puissions la donner comme exemple à nos petits enfants, et nul, dans notre ville, n'oubliera votre vaillance et votre grandeur d'âme. Avec le temps, sur les bords heureux de notre grand Rhône, votre mémoire revêtira un caractère presque de légende, légende du courage, de l'honneur et du travail, et nos descendants raconteront, avec une émotion de légitime fierté, l'histoire du petit apprenti lyonnais devenu l'héroïque soldat, l'éminent philosophe, le brillant homme d'État que vous fûtes.

Mais, hélas! si belle que soit cette perspective de survivance morale, notre douleur n'en est en rien diminuée et notre affection s'émeut de cet aveuglement du sort qui frappe l'homme à la force de l'âge pour laisser debout le vieillard, et qui veut que ce soit celui-ci qui pleure celui-là.

Adieu donc, mon cher et aimé compagnon; adieu, au nom des députés du Rhône et des innombrables amis que vous avaient créés, à Lyon, votre affabilité et votre puissante intelligence. J'irai leur dire avec quel stoïcisme vous avez regardé venir la mort, avec quel calme vous avez vu s'ouvrir votre tombe. A parler de vous, à nous rappeler les conseils de votre sagesse, il nous semblera vivre encore en la compagnie de votre grande âme et une douceur infinie nous viendra à ce retour vers le passé.

Puisse à la chère compagne, aux jeunes enfants de ce bon citoyen, la sympathie de tous être un baume bienfaisant!

V

DISCOURS DE M. GAILLETON

MAIRE DE LYON

Messieurs,

La ville de Lyon, pleurant aujourd'hui un de ses enfants les plus chers et les plus illustres, vient associer son deuil à celui de la patrie et de la République. La douleur qu'elle ressent en face de cette vie si prématurément brisée est immense, et le vide creusé dans sa représentation parlementaire est irréparable.

Le gouvernement et le Parlement, par l'organe de leurs représentants, ont dit quel avait été l'homme public, l'existence si bien remplie du député, l'activité féconde et réformatrice du ministre, la haute intelligence et l'impartialité sereine du président de l'Assemblée législative.

Une tâche plus modeste m'est dévolue : au nom de sa ville natale, au nom de la démocratie lyonnaise tout entière, il m'appartient de dire combien étaient étroits et puissants les liens qui unissaient Burdeau à Lyon.

Il naquit dans la grande cité ouvrière, d'une famille de pauvres artisans ; son père, mort au moment de sa naissance, laissait le foyer sans chef et une pauvre veuve avec la lourde tâche de quatre enfants à élever. Doué d'une vive et claire intelligence, d'un cœur généreux, Burdeau comprit bien vite les grands devoirs qui lui incombaient ; aussi son passage à l'école primaire fut-il de courte durée, car sa précocité extraordinaire fit solliciter par ses maîtres eux-mêmes son admission au lycée de Lyon ; il franchit rapidement toutes les classes et vint, en philosophie, tenter à Paris les épreuves des grands concours.

Lyon l'aida de ses encouragements et de ses deniers, et quand elle l'eut conduit au seuil de l'École normale, sa ville natale n'avait plus qu'à le laisser parcourir seul la brillante carrière qui s'ouvrait devant lui.

Mais la guerre éclate, et le jeune normalien s'élance à la frontière ; il combat, il est blessé ; prisonnier, il s'évade, et revient rejoindre le drapeau mutilé et son effort ne cesse qu'avec la paix.

Lui aussi il avait sauvé l'honneur et, à vingt ans, la croix venait décorer la poitrine de ce vaillant enfant.

Combien déjà était fier de son boursier la ville de Lyon ! Burdeau n'avait menti à aucune de ses promesses et certes il avait largement payé à sa ville natale la dette de reconnaissance qu'il lui avait souscrite.

En 1885, la' démocratie du Rhône, se rappelant les origines de Burdeau, connaissant son caractère, ses convictions, sa parole si fine et si claire, sa pensée si active et si profonde, alla chercher à Louis-le-Grand le jeune professeur qui, à trente-quatre ans, était déjà un des maîtres les plus éminents de l'Université.

Vous connaissez tous sa carrière politique : les événements auxquels il a pris part datent d'hier, et un jour viendra où justice complète sera rendue à cet enfant du peuple, conquérant par le travail et une volonté persévérante toutes les qualités d'un grand homme d'État.

Aujourd'hui, nous le pleurons, sa ville natale est en deuil ; elle apporte à sa veuve éplorée, à ses enfants, l'expression de sa profonde douleur ; qu'ils trouvent dans ces hommages venus de tous les points de la France, dans ces obsèques nationales que fait la République à son fidèle serviteur, une consolation et y puisent une légitime fierté. Lyon gardera impérissable le souvenir de Burdeau, sa vie restera l'orgueil de la démocratie, la parure de son histoire et l'exemple de ses fils.

VI

DISCOURS DE M. PERROT

DIRECTEUR DE L'ÉCOLE NORMALE SUPÉRIEURE

Messieurs,

Quand Burdeau, après une vie politique déjà si remplie dans sa brièveté, entra au ministère de la Marine, ses camarades de jeunesse lui offrirent un banquet où ils invitèrent avec lui ceux de ses anciens maîtres qui enseignaient encore à l'École ou ailleurs. J'étais l'un d'eux et, comme directeur de l'École, je fus chargé de lui dire combien nous étions heureux de sa brillante fortune et fiers de ses succès, fiers de la modération et de la droiture dont il avait fait preuve dans toute sa carrière, fiers surtout du courage viril avec lequel il avait marché droit à la calomnie, pour défendre contre elle le seul héritage qu'il dût laisser à ses enfants, l'honneur de son nom. Interprète de tous ceux qui m'entouraient, je le remerciai de cette gloire naissante dont il semblait que quelques rayons rejaillissent sur notre vieille maison, et tous nous nous rappelons encore avec quelle émotion et avec quelle grâce modeste et souriante il répondit à mes paroles et à celles d'un de ses plus anciens amis, son camarade de promotion, aux vœux que nous lui présentions, à l'expression de la confiance que nous fondions sur la rare vigueur de son esprit et sur les services que son activité puissante et réglée avait déjà rendus à la République.

L'École était à la fête, à la fête des joies confraternelles et des espérances crédules, qui attendent trop de la vie ; il est juste que, en ce jour de deuil, elle soit aussi représentée dans le concert de regrets et d'hommages qui monte autour de ce cercueil. C'est que, si celui qu'elle pleure a jeté sur elle beaucoup d'éclat, elle croit avoir contribué à former ce talent et ce caractère. Sans doute, la nature avait richement doté Burdeau ; c'est ce que suffiraient à prouver cette enfance et cette jeunesse laborieuse qui, sans un arrêt et sans un échec, l'ont conduit de l'école primaire et de l'atelier où il avait commencé son apprentissage jusqu'au prix d'honneur de philosophie et à l'admission, en 1870, dans notre section des lettres. On sait comment, avant d'entrer dans cette École, il l'avait déjà honorée ; engagé volontaire, fait prisonnier sur le champ de bataille, il portait la croix de la Légion d'honneur, quand il vint s'asseoir sur nos bancs. Il n'en fut pas moins, dans sa promotion, un des élèves qui se soumirent avec le plus de bonne humeur à la discipline légère de l'École et qui profitèrent le mieux de son enseignement, qui prirent le plus à cœur les recherches et les travaux qu'elle demande à ses élèves. Je le sais, pour avoir été son maître pendant un an et pour avoir souvent recueilli, à son sujet, le témoignage d'un de mes éminents prédécesseurs, M. Bersot, qui avait pour Burdeau une affection toute particulière et vraiment paternelle.

Cet enseignement dont il ne voulut rien perdre, parce qu'il en comprenait la valeur, Burdeau en garda l'empreinte profonde. Ce fut là qu'il s'initia aux secrets de ces méthodes sévères sans lesquelles l'esprit même le mieux doué éparpille et perd son effort ; ce fut là qu'il apprit à ne pas se contenter des phrases banales et des jugements de seconde main, à remonter aux sources, à ne s'élever aux idées générales qu'après avoir recueilli soigneusement les faits et les avoir bien classés. Ces vertus de l'intelligence, Burdeau les appliqua plus tard à l'étude des phénomènes sociaux et des questions financières, à la critique et à la préparation des budgets.

Le caractère, Burdeau l'avait prouvé par sa conduite pendant la guerre, était déjà chez lui à la hauteur de son précoce talent; il n'a pu encore que se développer et s'affermir à l'École. L'indifférence sceptique et railleuse est rare chez les jeunes hommes, parmi lesquels elle se recrute. Ils croient à la vérité, à la possibilité de la connaître et de la faire triompher par la persuasion, mais, s'ils se rencontrent dans cette conviction, qui suffit à ennoblir l'âme et la vie, ils ne sont pas d'accord sur la nature de la vérité, sur le procédé par lequel l'esprit peut la saisir. De là des discussions sans cesse renaissantes, où les opinions les plus diverses apprennent à se respecter mutuellement, parce qu'elles se sentent toutes sincères et désintéressées. Il n'est pas de milieu où l'on prenne des habitudes meilleures de dignité morale, où, vivant ainsi sous les yeux les uns des autres, on se sente plus astreint à mettre ses actes en rapport avec ses paroles. C'est à ce sentiment que Burdeau a obéi quand il a voulu conformer sa mort aux idées qu'il avait professées pendant toute sa vie, et, s'il en est parmi ses camarades qui ont d'autres croyances, ils lui sauront encore gré de ce dernier acte de franchise. En ceci encore, il a été honnête et loyal, comme il l'était, lorsque, parlant soit à ses électeurs, soit aux Chambres devant lesquelles il défendait ses opinions et son parti, il s'attachait à ne jamais promettre que ce qu'il croyait pouvoir tenir. Ce qu'il a promis, il l'a toujours tenu, autant que l'ont permis les résistances des choses et le peu de temps qui lui a été donné, quand il était au pouvoir, pour tenter de réaliser les réformes et les progrès dont il avait conçu la pensée.

Enfin, ce qu'il a emporté de l'École, c'est ce que nous en avons presque tous gardé, des amitiés fidèles que ne réussissent point à relâcher les séparations momentanées et où l'on goûte toujours le charme des entretiens à plein cœur, des conversations de jeunesse où deux âmes s'ouvrent l'une à l'autre sans réticence et sans calcul, sans la crainte des paroles répétées et des engagements irréfléchis qui seraient mal à propos rappelés. Burdeau a trouvé, souvent il me l'a dit, une grande douceur et une consolation efficace dans la constance de ces amitiés, dans l'estime affectueuse de ses anciens maîtres et de ses camarades d'École, de tous ceux qui l'avaient suivi de près à travers les étapes de sa vie consacrée à un labeur incessant et à des ambitions généreuses. Ces sympathies, quelque sensible qu'il y fût, n'ont pu l'empêcher de ressentir profondément la blessure de certaines attaques, et celles-ci, ce n'est un secret pour personne, ont abrégé sa vie, achevé d'user sa santé, déjà minée par des excès de travail. Devons-nous pourtant le plaindre? N'était la douleur qu'il a dû éprouver quand il a compris, bien avant l'heure dernière, qu'il lui faudrait bientôt quitter les êtres chéris qui répondaient à sa tendresse, n'étaient les inquiétudes qui ont pu le tourmenter au sujet de leur avenir, nous envierions plutôt sa destinée. Dans la courte durée de cette vie qui vient de se terminer si brusquement, il n'a jamais connu le désœuvrement ni l'ennui. Professeur, il a remué et fécondé beaucoup de jeunes âmes sur lesquelles il a laissé sa marque. Candidat et député, il n'a jamais prononcé une seule parole qui ne respire l'amour de la France, qui ne soit un conseil et une leçon pour cette démocratie à laquelle il était si passionnément dévoué. Porté par les exigences d'une combinaison ministérielle à un poste qu'il ne se serait jamais attendu à occuper, il a su attacher son nom au succès d'une expédition lointaine où les pouvoirs publics ne s'étaient pas engagés sans quelque appréhension. Pas une heure de sa vie n'a été perdue pour la propagande du bien, par la parole et par l'exemple, et aujourd'hui que nous le conduisons à l'éternel repos, toutes les rivalités et toutes les haines désarment, comme lorsque tombèrent, frappés eux aussi avant le temps, d'autres grands citoyens auxquels la République a rendu les mêmes honneurs.

VII

DISCOURS DE M. AYNARD

DÉPUTÉ DU RHONE

Messieurs,

La députation du Rhône vient adresser le dernier adieu à celui qui en fut la lumière et la force. La grande communauté industrielle, commerciale et laborieuse de Lyon, qui a toujours trouvé en Burdeau le défenseur infatigable de ses intérêts et de sa liberté, s'associe tout entière à nos regrets et à notre douleur.

On vous a parlé, Messieurs, on vous parlera encore de l'homme politique; on l'a apprécié à toute sa haute valeur et comme l'un des premiers de notre pays, Burdeau nous manque au moment où son expérience politique, mûrie au milieu de tant de luttes, était devenue complète. La puissance et la pénétration de son jugement, comme la probité de son esprit, l'avaient graduellement amené à s'attacher, d'une manière irrévocable, à tous les principes aussi nécessaires au gouvernement qu'au maintien de la société française, issue de la Révolution de 1789. C'est en devenant de plus en plus libéral que Burdeau croyait servir de mieux en mieux la cause de la démocratie et de la République, pour laquelle il aurait donné sa vie.

Son intelligence, d'une étendue, d'une promptitude et d'une souplesse incomparables, comprenait tout, saisissait tout, s'intéressait aux plus grandes comme aux moindres choses. Certains ordres de connaissances étaient mieux possédés par lui parce qu'ils l'étaient de plus longue date ; mais un don merveilleux d'assimilation mettait tout ce qu'on peut savoir à la disposition de son esprit.

C'est ainsi que Burdeau a pu acquérir cette vue générale des choses, ce sentiment pénétrant et subtil de toutes les conditions de la vie nationale, et arriver à gagner ce titre d'homme d'État, si rare à recueillir, si écrasant à porter. D'autres meurent usés et après avoir donné depuis longtemps leur mesure ; Burdeau, quelque brillant qu'ait été son passage dans les premières fonctions de l'État, disparaît sans avoir montré toute l'étendue de ses capacités.

On peut affirmer, sans, hélas ! outrer les choses, que notre compatriote est mort de travail et de la fièvre des affaires publiques. Comme il pressentait la brièveté de sa carrière, il avait voulu, en trop peu de temps, tout parcourir et tout connaître ; il s'était aussi débattu avec un noble courage, trop supérieur à ses forces, contre les difficultés matérielles de la vie.

Burdeau, il faut le dire, meurt aussi des tortures morales qui lui ont été infligées et qui, pour l'honneur de notre démocratie, devraient au moins être épargnées à ceux qui n'ont point à se faire pardonner des situations traditionnelles, mais qui se sont élevés du fond de notre peuple par la seule fortune de la supériorité de l'intelligence et de la volonté.

Vous souffrirez, Messieurs, que les députés du Rhône retrouvent et exaltent en Burdeau les meilleures qualités de la vieille race lyonnaise dont il était sorti ; race à la fois pensive et active, éprise d'idéal et gouvernée par le sens le plus pratique, sachant vivre en même temps dans le rêve et dans le travail acharné. Burdeau n'était-il pas l'un des personnages représentatifs de cette antique et parfois énigmatique cité de Lyon ?

L'homme d'action procédait chez lui du professeur de philosophie ; le philosophe avait apporté à l'homme de combat, de lutte, de tribune, au rapporteur des budgets et des grandes affaires, les belles armes de la réflexion, de l'analyse, de la méthode, du raisonnement d'ensemble ; mais la pensée pure ne détournait pas un instant Burdeau de la recherche pratique, opérée à l'aide d'un prodigieux labeur.

Ce que Burdeau offrait en cela de caractéristique et de surprenant, et c'est peut-être le secret de la prolongation d'une existence minée depuis longtemps, c'est que le travail était pour lui une joie ; il s'y mettait avec une sorte d'allégresse et répétait sans doute ce que nous avons entendu dire à un autre illustre Lyonnais, l'un des premiers artistes de ce temps : « Je m'amuse à travailler. »

Oui, Messieurs, le travail a fait oublier à Burdeau beaucoup d'amertumes, et, par les élans continus que ce travail imprimait à son esprit, Burdeau, plus affamé d'activité que de succès, inclinait encore davantage à ne rien envier, si ce n'est pour le bien public, et à ne détester personne. Il était né pauvre, il est mort pauvre. Son enfance de petit ouvrier, écoulée dans des fatigues heureusement inconnues de la génération actuelle, ne l'avait pas aigri ;

ses souvenirs de misère ne l'ont pas empêché de défendre avec une constante énergie ceux qui possèdent des biens et qui dirigent le travail, contre l'école qui voit le progrès dans leur suppression. Son bon sens lui montrait que, dans notre société mouvante, chacun change assez souvent de place sans que la tyrannie révolutionnaire doive s'en mêler ; il ne pouvait croire au progrès et au bonheur par le règlement d'État.

Et sur ce point, Messieurs, un touchant souvenir nous revient à l'esprit... Il y a peut-être un an, dans la salle des Pas-Perdus de la Chambre, après quelque séance troublée, on discutait vivement la question de la réglementation des heures de travail dans un groupe de députés. Burdeau vient à passer ; il s'approche du groupe, s'enquiert de la question débattue, et se retire, paraissant saisi d'une émotion subite, après nous avoir jeté ces mots : « Si ma mère, qui n'était qu'une pauvre ouvrière, avait connu la journée de huit heures, je ne serais pas arrivé jusqu'ici. »

L'homme qui s'exprimait ainsi découvrait une âme profonde, qui comprenait la valeur du sacrifice. Le jeune normalien Burdeau, chétif soldat de dix-neuf ans, l'avait prouvé par sa précoce vaillance devant l'ennemi ; le président de la Chambre des députés retrouvait cette même vaillance devant une mort lente et sûre ; le philosophe rendait ainsi éclatant que sa philosophie n'était pas celle de l'indifférence, de l'abandon, de l'inconscience ou du désespoir.

Nous ne saurions apporter un plus bel hommage à la mémoire de notre collègue qu'en relisant, au pied de son cercueil, l'admirable lettre qu'il écrivait le 7 août 1892, étant ministre, à un ami qui l'avait félicité de la traduction d'un livre de philosophie hautement spiritualiste. Cette lettre a été rendue publique ; c'est pourquoi il nous est permis de la citer.

« Je crois fermement avec vous (écrivait M. Burdeau) « que nous tournons le dos à la vérité, en prenant pour but « de nos efforts l'accroissement du seul bien-être des hom- « mes ; nous oublions que le véritable levier du monde et « la cause la plus certaine de tout bonheur, c'est le sacrifice « et la joie de se sacrifier. L'individu est un monstre dans « la nature, et il ne revient à l'équilibre et à la santé qu'en « se subordonnant à un ensemble le plus vaste possible, et « finalement à un idéal. Tout admirateur que je suis des « philosophes grecs et de Socrate surtout, je pense que le « Christ a prononcé la plus haute parole qui ait été entendue « des oreilles humaines : que le royaume du monde et des « cieux est à celui qui saura aimer et se sacrifier.

« Ces idées sont loin, en apparence, de diriger ceux qui « dirigent actuellement les États et les sociétés ; il faut « pourtant nous y attacher, parce que la vérité, défendue « avec une obstination suffisante, doit finir par triompher. »

Celui qui nous a ainsi dévoilé le sens qu'il attachait à la vie, a dû, selon la grande parole d'un ancien, en « sortir plein de calme et de douceur et avec une belle espérance ».

Nous saurons, Messieurs, garder la mémoire de Burdeau. La reconnaissance publique voudra sans doute lui ériger un monument dans sa ville natale. Ce n'est point, il semble, au milieu du vieux Lyon, que ce monument doit être élevé. Sa place naturelle est au sommet de la montagne ouvrière de la Croix-Rousse, où Burdeau enfant a peiné sur le métier. Il montrera à la démocratie lyonnaise, si raisonnable et si vaillante, quel rang les siens peuvent atteindre, lorsqu'ils apportent au service de la patrie, avec tant d'admirables facultés, tout leur cœur, toute leur âme, toutes leurs forces.

VIII

DISCOURS DE M. LE DOCTEUR FOCHIER

Amis,

Après les solennels hommages qu'on vient d'adresser au patriote, à l'homme d'État, au professeur, à l'orateur, à l'écrivain, nous voici assemblés avec ses enfants au bord de cette tombe, comme dans un de ces moments trop rares où Burdeau pouvait s'arracher à son labeur incessant, à ses multiples obligations, pour se reposer un peu dans les réunions amicales ou dans les joies du foyer domestique.

Le sentiment qui nous envahit et nous domine tous, ce n'est par la fierté d'avoir été admis dans l'intimité d'un homme de cette taille, c'est le souvenir des forces nouvelles que nous avons toujours trouvées dans ses causeries, dans ses lettres, dans son contact, aussi bien que dans son exemple.

Nous sommes réunis ici par une véritable religion nous communions en lui en pensant à tous les efforts qu'il nous a inspirés, à tous les sentiments qu'il nous a suggérés, à la forte et vivace impression qui nous est restée de lui toutes les fois que nous l'avons abordé.

Cette impression tenait tout d'abord à sa bonté. Ce lutteur clairvoyant et énergique était profondément bon, bon pour les siens, bon pour ses amis, bon pour les humbles, bon pour ses ennemis. A son lit de mort, il y a dix jours à peine, il répétait à l'un de nous ce que nous lui avions plusieurs fois entendu dire : « Je vais partir sans avoir connu la haine ; non, je n'ai pas connu la haine. » Des appréciations sévères, jamais une parole haineuse, c'est tout ce que les souffrances prolongées ont pu amener sur ses lèvres.

Lorsqu'il s'agissait de soulager une misère, il devenait sciemment aveugle et imprévoyant. Plus humble était le quémandeur, plus attentivement était examinée sa demande. Que de fois nous l'avons entendu se plaindre que la charité ne pût pas venir à bout de soulager la souffrance humaine ! Sa raison d'homme d'État le défendait contre la pitié qui l'envahissait, mais ce n'était pas une des luttes les moins pénibles que lui imposait sa perspicacité.

De sa bonté pour ses amis nous pourrions tous citer des traits. Comblé d'honneurs, de soucis et de travail, il trouvait le temps de consoler longuement, tendrement ceux d'entre nous que le malheur avait frappés.

Sa bonté était la véritable source du charme qu'il exerçait autour de lui. Ce charme, d'autres ont dit ce qu'il a été et ce qu'il a produit dans la vie publique. Pour nous qui l'avons senti dans l'intimité, son souvenir restera une de nos grandes joies. C'était tantôt la gaieté simple et cordiale de la jeunesse, tantôt une délicatesse raffinée et enveloppante, et si Burdeau connaissait la puissance de ce charme, il ne le ménageait jamais avec ses amis.

Mais si nous l'aimions, si nous le pleurons, c'était surtout parce qu'il nous dominait d'une grandeur morale exceptionnelle. Sa vie privée, son abnégation, ses sacrifices nous étaient connus ; sa religion du devoir nous était démontrée. Un jour, ses lettres intimes mettront en relief ce que sa modestie ne lui permettait pas de raconter. Tous nous l'avons entendu répéter de hautaines maximes dont la mise en pratique ne lui laissait ni trêve ni repos. Avec quelle conviction nous disait-il, par exemple, que le grand malheur de l'homme consistait à ne pouvoir jamais accomplir le devoir. Qu'il a désiré souvent six mois de liberté pour essayer de dire aux hommes de son temps et de son pays ce qu'ils pensent et quelles idées les mènent. Nous qui l'avions entendu, nous qui l'avions vu à l'œuvre dans l'intimité de sa vie, lorsque de perfides insinuations sont venues l'atteindre, nous pouvions tous répéter ce que disait l'un de nous : « Je douterais de moi-même avant de douter de Burdeau. »

Et il nous a fallu le voir obligé de défendre le seul patrimoine qu'il a laissé à ses enfants, il nous a fallu le voir souffrir et décliner à partir de ces attaques odieuses, malgré le réconfort que lui apportait sa bien-aimée et courageuse compagne. Puis il nous a fallu assister aux crises répétées d'une longue et douloureuse maladie.

Hélas ! je suis mieux à même qu'aucun d'entre nous de témoigner de ses souffrances et de son courage, et c'est pour cela que, malgré mon insuffisance et ma fatigue, j'ai accepté la mission de lui dire un dernier adieu au nom de sa famille et de ses amis intimes. Je sais avec quelle résignation il acceptait une solution prévue, annoncée par lui presque mathématiquement deux mois d'avance. Plus le sentiment de sa faiblesse croissante l'envahissait, plus il s'efforçait d'accomplir héroïquement sa tâche.

Et maintenant il n'est plus là pous nous donner l'exemple. Il nous laisse son souvenir et ses enfants. Nous qui savons tout son amour pour eux, nous resterons groupés autour d'eux, reconnaissants envers les enfants, tâchant de reporter de leur côté une part de cette abnégation, de ces sacrifices qu'il nous disait être le plus sûr élément du bonheur humain.

La vie individuelle était si peu de chose à ses yeux qu'au milieu des angoisses les plus effroyables il parlait avec un calme pénible de sa mort prochaine; il ne s'attendrissait qu'en pensant à ses enfants. Pensons tous à eux, pensons-y toujours. C'est pour nous la véritable façon d'entourer la mémoire de Burdeau du culte dont elle est digne.

IN MEMORIAM

CHAPITRE XII

IN MEMORIAM

I

La reconnaissance nationale devait après les imposantes funérailles un autre témoignage à Auguste Burdeau. Dès le jour même de sa mort, on avait décidé de faire pour la veuve et les enfants de l'illustre citoyen ce que le Parlement considère, à juste titre, comme l'acquittement d'une dette de la patrie envers ses meilleurs serviteurs. De même que l'on avait voté une pension à Mme Eugène Pelletan et à Mme Paul Bert, de même on crut digne pour la France de remplir, comme le dit M. Poincarré alors ministre des Finances, « un véritable devoir vis-à-vis de la famille de Burdeau, vis-à-vis de l'homme qui, sorti de la démocratie, s'était toujours dévoué avec autant de vaillance que d'éclat. » Plusieurs députés, amis intimes de Burdeau, quelques-uns de ceux qui savaient quel avait été toute sa vie son culte pour sa mère, alors âgée de quatre-vingt-deux ans, voulurent que, dans cette adoption nationale de ceux que sa mort privait de son appui et de son travail, ne fût pas oubliée celle à qui il avait dû, non seulement le jour, mais l'éducation, et toutes ses grandes qualités d'âme. Le gouvernement soumit à la Chambre, dans ce sens, une proposition de loi qui fut votée à une grande majorité et approuvée par le Sénat.

De son côté la ville de Lyon, s'inspirant de la pensée de M. Bérard, décida de donner le nom d'Auguste Burdeau à l'un de ses boulevards. Un comité, présidé par M. Aynard, s'organisa pour lui élever un monument.

II

Le 13 janvier 1895, un mois après la mort d'Auguste Burdeau, avait lieu dans la Salle des Actes de l'établissement de la rue d'Ulm, la réunion générale annuelle des anciens normaliens, présidée par M. Gaston Boissier, alors administrateur du Collège de France. L'éminent académicien ouvrit l'assemblée par des paroles de tristesse et de regret : il rappela que l'Association venait de subir presque à la fois deux pertes cruelles, qui la frappaient dans ses souvenirs les plus glorieux et dans ses plus légitimes espérances. Et rendant à la mémoire de Victor Duruy et d'Auguste Burdeau l'hommage de leurs anciens amis, collègues ou camarades, il dit, en parlant du président de la Chambre, enlevé si prématurément à tous ceux qui fondaient sur lui tant de grandes choses :

« Burdeau ne nous appartient que par quelques années de sa vie. La politique nous l'a pris de bonne heure, et il est vraisemblable qu'elle l'aurait gardé. Mais c'est chez nous qu'il a commencé, et vous savez avec quel éclat ! Ceux qui assistèrent, dans la salle où nous sommes, à la réunion du 27 décembre 1871, n'en perdront pas le souvenir. L'école s'était noblement conduite pendant la guerre. L'un des siens était tombé sur le champ de bataille de Champigny ; tous avaient fait leur devoir, et le ministre de l'Instruction publique, M. Jules Simon, venait leur payer la dette de la France. Burdeau fut décoré, et c'est ainsi que son nom se trouve indissolublement lié à cette belle page de notre histoire.

« Lorsqu'il nous quitta pour la politique, quelques-uns de nous (et j'avoue que j'étais du nombre) ne le virent pas sans inquiétude entrer dans cette carrière nouvelle. Comme sa fermeté allait quelquefois jusqu'à la raideur, on pouvait craindre qu'il manquât de la souplesse nécessaire à la conduite des hommes. Il semblait naturel que, par une rigueur de logique qui se comprend chez un philosophe de profession, il fût entraîné à pousser ses principes à l'extrême. Mais il n'était pas de ceux qui se ferment aux leçons de l'expérience et traversent le monde sans rien apprendre et rien oublier ; la pratique de la vie lui enseigna la modération et la tolérance, les deux qualités maîtresses des bons esprits. Aussi, quand on vit ce spéculatif devenir un homme pratique, descendre des hauteurs de sa philosophie pour s'initier aux secrets de l'administration et de la finance, ce dogmatique sévère se transformer, s'assouplir, s'humaniser, on jugea qu'il ne tarderait pas à occuper les situations les plus hautes. Je me souviens qu'au dernier bal de l'École normale, le président Carnot montrant Burdeau, qui s'était joint à nous pour le recevoir, nous disait : « C'est l'honneur de votre École et une réserve précieuse pour la France. » Ils ne sont pas nombreux, hélas ! ceux sur lesquels nous pouvons compter pour l'avenir ; non pas que la France soit devenue stérile et produise moins d'hommes qu'autrefois, mais peut-être le régime sous lequel nous vivons, par son instabilité et ses caprices, ne leur laisse-t-il pas le temps de se former; il les déconsidère ou les dévore en quelques années. Puissions-nous, dans cette disette, n'avoir pas un jour l'occasion de trop regretter celui que nous venons de perdre prématurément! Dans tous les cas, son souvenir restera pour nous entouré de je ne sais quoi de touchant et de triste qui s'attache aux destinées inachevées et aux espérances évanouies. »

III

Destinée inachevée! Tel est bien le mot qui s'écrira sans doute sur le cippe brisé où l'on gravera le nom d'Auguste Burdeau. Destinée si belle pourtant qu'elle peut être offerte en exemple aux jeunes générations d'aujourd'hui, comme elle le sera certainement à celles qui viendront plus tard. Les dieux abrègent les jours de ceux qu'ils aiment le mieux, a dit le poète. Burdeau fut un de ces privilégiés. Quand la mort a glacé ce front où rayonnaient les grandes et pures pensées, elle l'a trouvé souriant. Celui qu'elle a frappé l'attendait. Même en sa fleur, à quarante-trois ans, à ce milieu du chemin de la vie dont parle Dante, il pouvait déposer le ceste et descendre dans la tombe sans avoir à craindre que l'oubli ne pesât sur lui. La mémoire de l'enfant du peuple, du petit canut devenu président du Parlement français, pleuré par toute la démocratie française, planera à jamais sur cette ville de Lyon qui fut son berceau, qu'il appelait si fièrement, avec Michelet, le cœur de la France, de cette France à laquelle il avait donné son propre cœur, l'un des plus sincères, des plus généreux qui aient battu pour la patrie et le devoir.

FIN

TABLE DES PORTRAITS

TABLE DES MATIÈRES

Paris. — Imp. A. Picard et Kaan, 192, rue de Tolbiac. — K. P. 695.

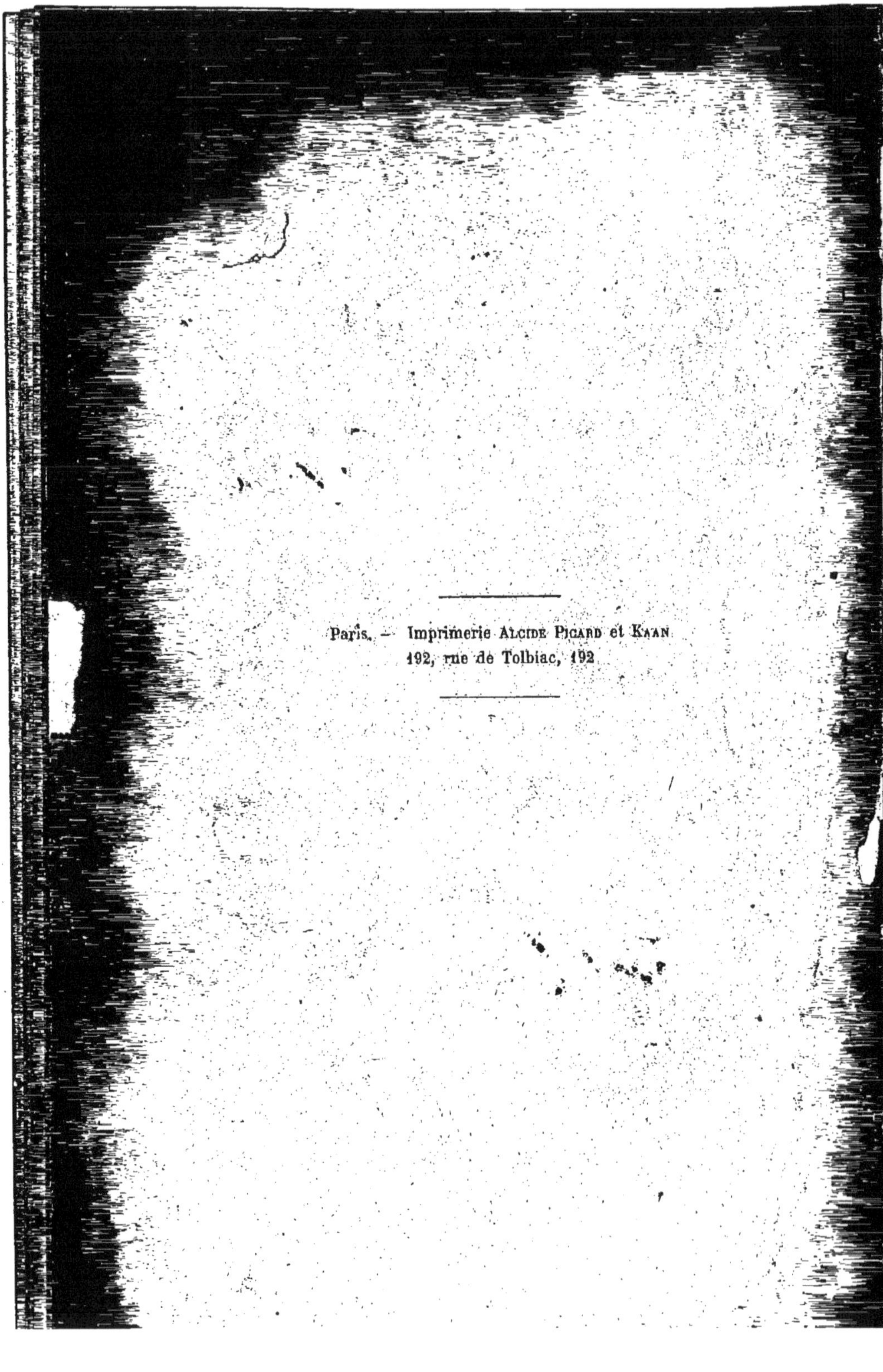

Paris. — Imprimerie Alcide Picard et Kaan
192, rue de Tolbiac, 192

www.ingramcontent.com/pod-product-compliance
Ingram Content Group UK Ltd.
Pitfield, Milton Keynes, MK11 3LW, UK
UKHW022050260726
13993UKWH00001B/20